Bonjour!

Mit diesem Heft könnt ihr euch gezielt auf eure Abschlussprüfung in Französisch vorbereiten.

Im Kapitel **Communication** trainiert ihr für die mündliche Kommunikationsprüfung.

Im Kapitel **Examen** bereitet ihr euch auf die schriftliche Prüfung vor.
Alle Hördokumente könnt ihr online anhören und auf euer Smartphone herunterladen. In der Box unten erfahrt ihr, wie das geht.
Mit den Lösungen **Solutions** am Ende des Heftes könnt ihr eure Ergebnisse überprüfen.

Ein Blick vorab in den Anhang lohnt sich!
In **Les mots** sind grundlegende Wortfelder, die ihr vor der Prüfung wiederholen solltet, übersichtlich gegliedert.
In **On dit** befinden sich die wichtigsten Redemittel, die ihr für eure Prüfungen braucht, nach Situation geordnet.
In **Bien écrire** findet ihr Tipps, wie ihr einen guten Text auf Französisch schreiben könnt.

Fangt früh genug mit dem Trainieren an und beachtet die Zeitangaben.
Der Schwierigkeitsgrad der schriftlichen Beispielprüfungen steigt von Examen 1 bis 4 langsam an. Beginnt also lieber mit Examen 1.

Bonne réussite!

Inhaltsverzeichnis

Audios zum Arbeitsheft online und in der App verfügbar!

1. Auf **schueler.klett.de** registrieren
2. Nutzer-Schlüssel oder QR Code einlösen
3. Digitale Medien online nutzen oder in die **Klett Lernen App** laden

Nutzer-Schlüssel
EoW2-odUM-iAbH

Die Kommunikationsprüfung

In diesem Kapitel findet ihr jeweils vier Beispiele, um für die Kommunikationsprüfung zu trainieren: vier Karten für Teil A und vier Karten für Teil B. Auf der Rückseite der Karten stehen Ideen und Verweise auf Wortschatz und Redemittel, falls ihr beim Training Unterstützung braucht.

A Monologisches Sprechen

Ihr sprecht 5 Minuten über ein Thema, das ihr in Absprache mit eurem Lehrer / eurer Lehrerin vorbereitet habt. Auf den Karten A findet ihr einige Beispiele für Themen.

Vorbereitung:
- Bereitet Fakten und Ideen zu eurem Thema vor.
- Überlegt euch eine Einleitung und einen Schlussteil.
- Ihr könnt auch Medien verwenden, um eure Präsentation zu ergänzen.
- Bereitet ein Blatt mit Stichwörtern vor, um eure Ideen zu strukturieren. In → On dit 14: Structurer une présentation auf Seite 43 findet ihr typische Redemittel, die ihr verwenden könnt: *Bonjour, je vais vous parler de … / Je vais présenter …*
- Ihr dürft bei der Prüfung ein Blatt mit euren eigenen Stichwörtern verwenden, falls ihr den roten Faden verliert. Allerdings wird von euch erwartet, dass ihr frei sprecht.

Training:
- Stellt euch einen Wecker auf fünf Minuten.
- Nehmt euren Monolog mehrmals auf, um zu üben. Achtet auf eine gute Aussprache.
- Falls ihr noch nicht fertig seid, wenn der Wecker klingelt, bringt euren Gedanken zu Ende und formuliert einen Schlusssatz.

B Dialog im Tandem

Ihr führt einen 5-minütigen Dialog mit einem Partner / einer Partnerin. Auf den Karten B findet ihr einige Beispiele für Dialogsituationen. Bei der Prüfung selbst bekommt ihr für den Dialog keine Vorbereitungszeit. Falls ihr aber beim Training Unterstützung braucht, findet ihr Ideen auf der Rückseite der Karten.

Vorbereitung:
- Lest euch das Thema des Dialogs zu zweit genau durch und verteilt die Rollen.
- Überlegt kurz, welche Ideen für eure Rolle passend sind.
- Achtet darauf, dass ihr euren Dialog mit einem Ergebnis abschließt.
- Ein Dialog beginnt fast immer mit einer Begrüßung.
- In → On dit 18: Discuter et donner son avis auf Seite 45 findet ihr nützliche Redemittel: *Je pense que … / A mon avis, …*

Training:
- Während des Dialogs ist es wichtig, eurem Partner / eurer Partnerin gut zuzuhören und auf seine / ihre Fragen und Antworten zu reagieren. So kommt ihr zu einem guten gemeinsamen Ergebnis.
- Stellt euch einen Wecker auf fünf Minuten.
- Nehmt euren Dialog mehrmals auf, um zu üben.
- Achtet auf eine gute Aussprache und auf die Sprachmelodie. Wenn ihr nicht verstanden habt, was euer Partner / eure Partnerin gesagt hat, fragt nach: *Vous pouvez répéter s'il vous plaît? / Tu peux répéter s'il te plaît? / Pardon?*
- Tauscht die Rollen und führt den Dialog noch einmal. So übt ihr beide Perspektiven.

A.1 Moi et mon temps libre

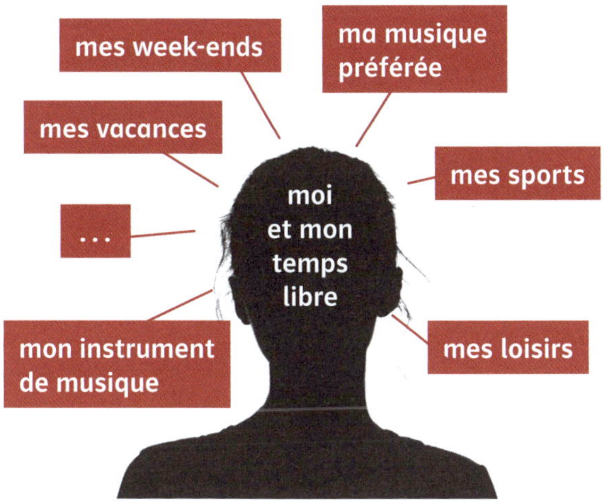

Parlez de votre temps libre.

A.2 Présentation d'une ville / région

Strasbourg

Bruxelles

Avignon

situation géographique
climat
monuments
spécialités
tourisme
industrie
...

Paris

les Pyrénées

...

Marseille

la Provence

la Guadeloupe

le Québec

Présentez une ville ou une région de France ou une région francophone.

A.3 Moi et la vie professionnelle

Parlez de vos expériences professionnelles, puis de votre avenir professionnel:
parlez de vos expériences passées, puis de vos projets futurs ou de vos rêves pour votre futur.

A.4 Une personne qui me fascine

Marie Bochet

Jamel Debbouze

Omar Sy

„Il / Elle est cool!"

Louane

Maître Gims

...

Kylian Mbappé

Parlez d'une personne qui vous fascine:
choisissez une personne du monde francophone, dites pourquoi elle vous fascine et pourquoi elle est intéressante. Parlez de sa biographie.

A.2 Présentation d'une ville / région

Voici des idées:

- Choisissez une ville / une région où on parle le français.
- Dites où elle se trouve.
- Parlez de son climat, de sa géographie.
- Décrivez les monuments à visiter et les choses intéressantes pour les touristes.
- Citez aussi les points forts de l'industrie ou de l'agriculture.

→ On dit 13: Parler d'une région, p. 42
→ Les mots 11: La ville, p. 36
→ Les mots 6: La géographie, p. 33

A.1 Moi et mon temps libre

Voici des idées:

- Présente-toi: dis ton nom, ton âge, où tu habites.
- Dis quels sont tes loisirs, tes sports préférés et quand tu les pratiques.
- Quelle est ta musique préférée?
- Joues-tu d'un instrument?
- Que fais-tu le samedi, le dimanche et avec qui?
- Qu'est-ce que tu aimes faire pendant les vacances? Comment organises-tu tes journées pendant les vacances?
- Termine par une petite conclusion sur toi et ton temps libre.

→ On dit 1: Se présenter, p. 37
→ On dit 3: Parler de ses vacances, p. 37
→ Les mots 1: Les activités, p. 30

A.4 Une personne qui me fascine

Voici des idées:

- Choisissez une personne d'un pays francophone: chanteur / chanteuse, artiste, champion(-ne) de sport …
- Dites son nom et pourquoi la personne est connue.
- Parlez de sa biographie (âge, ville(s) …).
- Dites ce que vous aimez chez cette personne.
- Dites pourquoi elle vous fascine.

→ On dit 15: Ecrire une biographie, p. 43
→ On dit 16: Décrire une personne, p. 44

A.3 Moi et la vie professionnelle

Voici des idées:

- Parlez de votre expérience professionnelle: parlez de vos stages ou des jobs que vous avez faits ou d'expériences pendant vos loisirs qui sont intéressantes pour la vie professionnelle. Utilisez le *passé composé*.
- Vous pouvez aussi parler de vos qualités et de ce que vous savez bien faire. Utilisez le *présent*.
- Ensuite dites quel est le métier de vos rêves.
- Vous pouvez aussi parler de votre vie plus tard et dire où vous voulez habiter: *J'aimerais faire … / Je voudrais …*

→ On dit 2: Parler de son passé, de son présent et de son avenir, p. 37
→ On dit 5: Parler d'expériences professionnelles et de choix pour l'avenir, p. 38–39

B.1 En ville avec un / une Français(e)

Situation
Marco reçoit la visite de son cousin français Lucas / de sa cousine française Elise, mais Marco a un rendez-vous chez le coiffeur. Un(e) ami(e) de Marco propose d'aller en ville avec le cousin / la cousine qui ne parle pas allemand.
Vous faites connaissance et vous décidez où vous allez en ville. Faites le dialogue.

B.2 A l'hôtel

Situation
Une famille française arrive dans un hôtel en Allemagne où un / une stagiaire est à la réception. La famille a réservé et pose des questions.
Faites le dialogue entre le / la stagiaire et le fils / la fille de la famille.

B.3 Les jeunes et les médias

	chats	réseaux sociaux	jeux	...
smartphone				
ordinateur portable				
tablette				

Situation
Un institut français fait une enquête sur l'utilisation des médias chez les jeunes Européens. La personne employée par l'institut interviewe les jeunes Allemands sur leur utilisation des médias et des réseaux sociaux.
Faites le dialogue entre la personne de l'institut et le / la jeune.

B.4 Entretien pour un job

Cherche jeune à partir de 16 ans pour promener mon chien deux fois par jour et pour faire les courses deux fois par semaine pendant le mois de juillet. Rémunération 500 euros / mois

Cherche jeune du quartier pour organiser des jeux pour des enfants de 4 à 6 ans, du 1er au 15 juillet, tous les matins. Rémunération: 12 euros / heure

Situation
C'est l'été. Voici des jobs d'été pour des jeunes. Vous choisissez une annonce.
Jouez l'entretien entre le / la jeune et la personne qui propose le job.

B.2 A l'hôtel

Voici des idées:

Rôle: Tu fais un stage dans un hôtel

- Tu demandes le nom, combien de personnes, combien de nuits.
- Tu donnes des informations sur ta ville, les transports en commun, les choses à voir, un restaurant sympa.
- Tu souhaites un bon séjour à la famille.

Rôle: Tu es le fils / la fille de la famille française

- Tu donnes les informations sur la réservation.
- Ta famille veut prendre le petit-déjeuner demain matin (prix?, heure?, lieu?).
- Tu veux des informations sur la ville (transports en commun, les choses à voir, un restaurant sympa).
- Tu remercies le / la stagiaire.

→ On dit 12: Orientation dans une ville, p. 41
→ Les mots 11: La ville, p. 36

B.1 En ville avec un / une Français(e)

Voici des idées:

Rôle: l'ami(e) de Marco

- Tu poses des questions à Lucas / Elise sur sa ville, ses loisirs, son collège, sa famille …
- Tu réponds aux questions de Lucas / d'Elise pour te présenter.
- Tu proposes de montrer quelque chose de la ville ou tu proposes une activité en ville qui va plaire à Lucas / Elise.

Rôle: Lucas / Elise

- Tu réponds aux questions de l'ami(e) de Marco.
- Tu poses des questions à l'ami(e) de Marco sur sa ville, ses loisirs, son collège, sa famille …
- Tu dis si tu es d'accord sur l'activité proposée. Tu peux aussi dire ce que tu as envie de voir / de faire.

→ On dit 1: Se présenter, p. 37
→ Les mots 1: Les activités, p. 30
→ Les mots 11: La ville, p. 36

B.4 Entretien pour un job

Voici des idées:

Rôle: le / la jeune

- Tu poses des questions sur le job et tu expliques pourquoi tu es intéressé(e).
- Tu voudrais le job, alors tu donnes des arguments pour convaincre la personne: Tu es à l'heure / Tu es responsable / Tu as de l'expérience / …

Rôle: la personne qui propose le job

- Tu expliques ce qu'il faut faire et quand. Tu veux savoir si le / la jeune est compétent(e) pour le job: arrive à l'heure? / est responsable? / ses loisirs? / expérience de jobs? …
- A la fin, tu dis si tu es intéressé(e) par la candidature.

→ On dit 1: Se présenter, p. 37
→ On dit 2: Parler de son passé, de son présent et de son avenir, p. 37
→ On dit 5: Parler d'expériences professionnelles et de choix pour l'avenir, p. 38–39

B.3 Les jeunes et les médias

Voici des idées:

Rôle: la personne de l'institut

- Tu demandes le nom, l'âge de la personne. Tu veux savoir quels appareils elle utilise et pour quelles activités.
- Tu veux savoir si la personne utilise les réseaux sociaux, si elle protège ses données personnelles, si elle joue beaucoup en ligne, chatte beaucoup …
- Tu remercies le / la jeune Allemand(e).

Rôle: le / la jeune Allemand(e)

- Tu dis quels appareils tu utilises et pour quelles activités.
- Tu expliques ce qui est important pour toi (utiliser les réseaux sociaux / les jeux / chatter / poster des photos / écouter de la musique / …)
- Tu dis si tu protèges tes données personnelles.

→ On dit 1: Se présenter, p. 37
→ On dit 11: Les médias et moi, p. 41
→ Les mots 8: Les médias, p. 34

Die schriftliche Prüfung

In diesem Kapitel findet ihr vier Beispielprüfungen, um euch auf die schriftliche Prüfung vorzubereiten.

- Für den Übungsteil A mit Hördokument habt ihr 20 Minuten Zeit. Da diese Aufgabe viel Konzentration erfordert, erhaltet ihr eine 20-minütige Pause, bevor es mit den nächsten Aufgaben weitergeht. Entspannt euch in dieser Zeit und trinkt Wasser.
- Für die Aufgaben in B bis E habt ihr 70 Minuten zur Verfügung. Für diese Prüfungsteile dürft ihr ein zweisprachiges Wörterbuch benutzen. Denkt aber daran, dass das Nachschlagen viel Zeit in Anspruch nimmt. Schaut also nur nach, wenn euch bedeutende Wörter fehlen.
- Nach der Erarbeitung einer Prüfungseinheit könnt ihr eure Lösungen überprüfen → Solutions und die erreichte Punktzahl in das Feld am Rand der jeweiligen Aufgaben eintragen. So könnt ihr sehen, in welchen Bereichen ihr noch besonders üben solltet. Das Punktesystem dient eurer Selbsteinschätzung. Die Punkteverteilung kann bei der Prüfung anders sein.
- Der Schwierigkeitsgrad steigt von Examen 1 bis 4 leicht an. Beginnt also am besten mit Examen 1.
- In den verschiedenen Teilen der Beispielprüfungen findet ihr Verweise auf Wortfelder → Les mots und Redemittel → On dit, die ihr als Hilfestellung und zur Wiederholung vor oder nach der Bearbeitung der jeweiligen Beispielprüfung nutzen könnt (nicht, solange die Stoppuhr läuft!). Beachtet jedoch, dass ähnliche Hilfen in der Prüfung selbst nicht angegeben sein werden.

A – Compréhension orale

- Für die Hörverstehensaufgabe lest ihr zunächst die Fragen, um euch einen ersten Überblick zu verschaffen.
- Dann hört ihr das Audiodokument ein erstes Mal. Wer spricht? In welcher Situation? Worum geht es?
- Nach dem ersten Hören habt ihr eine Minute Zeit, um zu beginnen auf die Fragen zu antworten.
- Beim zweiten Hören ergänzt ihr die fehlenden Antworten.

B – Compréhension de texte

- Schaut euch zunächst die Überschrift(en) und ggf. Bilder an, um so erste Hinweise auf den Inhalt des Textes zu erhalten.
- Beim ersten Lesen geht es darum, herauszufinden, wovon der Text handelt. Markiert Schlüsselwörter und besonders wichtige Sätze.
- Lest dann die Fragen gut durch. Lest den Text ein zweites Mal und sucht anschließend die entsprechenden Informationen im Text, um die Fragen zu beantworten.
- Wenn ihr wichtige Wörter nicht versteht, versucht sie zu erschließen oder schlagt sie in einem Wörterbuch nach.
- Versucht grundsätzlich, auf alle Fragen eine Antwort zu geben, auch wenn ihr euch nicht sicher seid.

C – Vocabulaire et structures

- In diesem Teil geht es um Wortschatz und Grammatik. Ihr sollt beispielsweise Wörter einer Wortfamilie nennen, Gegensätze finden, Satzhälften verbinden, Sätze ordnen und Verben konjugieren.
- Folgende Arbeitsanweisungen solltet ihr gut beherrschen:

Cochez [X] Reliez ↔ Soulignez (Entourez) ~~Rayez / Barrez~~ Surlignez

D – Production écrite

- Ihr schreibt einen kurzen Text (ca. 70 Wörter). Dabei sollt ihr – wie auch in der Prüfung – **zwischen zwei Aufgabenstellungen wählen**. Lest zunächst beide Aufgabenstellungen durch und überlegt, welches Thema euch mehr anspricht. Wozu fällt euch spontan viel ein?
- Wählt eine der Aufgaben aus und lest die Aufgabenstellung ganz genau durch: Welche Art von Text wird von euch erwartet (E-Mail? / Brief? / SMS? / Dialog? / Chat? …).
- Überlegt euch die Struktur eures Textes. Nehmt dazu ein extra Blatt und notiert 4 bis 5 Schlüsselwörter. Ordnet diese z.B. in einer Mindmap oder chronologisch in einer passenden Reihenfolge.
- Orientiert euch beim Schreiben an euren Notizen. Nehmt euch Zeit, um eure Sätze gut zu formulieren: in → Bien écrire auf Seite 46 erhaltet ihr Tipps dazu.
- Plant genug Zeit ein, um euren Text am Ende noch einmal genau durchzulesen und zu korrigieren.

E – Faites l'interprète

- Ihr lest die Situation und erfahrt dabei, welche Sprachmittlung ihr machen werdet.
- Anschließend lest ihr den Text auf Französisch.
- In den Fragen erfahrt ihr, welche Informationen verlangt bzw. gebraucht werden. Beantwortet diese Fragen präzise, damit die deutschen Personen handeln können.

10 points

01 A Compréhension orale

Vous allez entendre un enregistrement. Pour cet exercice, vous avez:
- une minute pour lire les questions
- une première écoute
- une minute de pause pour commencer à répondre aux questions
- une deuxième écoute

Situation: Vous êtes dans un train en France et vous entendez un message.

Complétez les phrases ou cochez ☒ les bonnes réponses.

1 point 1. Quelle est la destination finale de ce train?

☐ Avignon ☐ Marseille ☐ Nice ☐ Toulon

2 points 2. Quelle est l'heure d'arrivée dans cette ville? ....

1 point 3. Qu'est-ce qu'on n'a pas le droit de faire dans le train?

a ☐

b ☐

c ☐

1 point 4. Où est le bar? Il est dans la voiture n° ....

5 points 5. Qu'est-ce que vous pouvez acheter au bar? (*5 réponses*)

a ☐

b ☐

c ☐

d ☐

e ☐

f ☐

g ☐

h ☐

i ☐

15 points

B Compréhension de texte

Lisez le texte, puis répondez aux questions.

Situation: Jade, Karim et Martin lisent un magazine télé pour choisir le programme qu'ils vont regarder ce soir.
Jade aime découvrir des musiques et des nouveaux artistes, Karim adore la nature et les animaux et Martin est fan de sport.

Programmes de télévision

TV1 **Tahiti et la Polynésie française**
Sur TV1, ce soir, partons à la découverte de Tahiti en Polynésie française. Découvrons l'histoire de cette île exotique, petite partie de la France au milieu de l'océan Pacifique. Vous allez aussi admirer la beauté fantastique de sa nature et de la mer où vivent de magnifiques poissons.

TV2 **Concert**
Ce soir, TV2 nous fait découvrir Rokia Traoré, une artiste du Mali, en Afrique de l'Ouest. Pendant son concert en direct, elle va nous faire découvrir son pays et sa culture grâce aux chansons qu'elle va chanter en français, en anglais ou en bambara, une langue africaine.

TV3 **Sport**
Depuis 1891, les internationaux de France de tennis sont un grand rendez-vous de l'année. TV3 nous présente ce soir l'histoire de ce tournoi parisien, de ses débuts à aujourd'hui: les grands matchs, les champions et les championnes les plus importants et le nouveau stade Roland-Garros.

1. Martin, Karim et Jade vont regarder quel programme à la télévision ce soir? *3 points*

Chaîne de télévision	TV1	TV2	TV3
Nom de la personne	....	....	....

2. Vrai ou faux? Cochez ☒ la bonne réponse. *3 points*

	Vrai	Faux
a L'émission sur TV1 parle de la montagne.	☐	☐
b Rokia Traoré vient d'Afrique.	☐	☐
c Le stade de Roland-Garros est un stade de foot.	☐	☐

3. Quels sont les thèmes des programmes de télévision? Cochez ☒ les six bonnes réponses. *6 points*

	Nature	Culture	Histoire	Monde
TV1	☐	☐	☐	☐
TV2	☐	☐	☐	☐
TV3	☐	☐	☐	☐

4. Cochez ☒ la bonne réponse. *3 points*

a Rokia Traoré est … ☐ une actrice. ☐ une chanteuse. ☐ une championne de tennis.
b Tahiti est … ☐ une montagne. ☐ une ville. ☐ une île dans l'océan Pacifique.
c Roland-Garros est … ☐ à Marseille. ☐ à Lyon. ☐ à Paris.

15 points

C Vocabulaire et structures

2 points

1. Ecrivez la phrase contraire pour décrire les personnes.

a  Farid est grand ....  Paul est ....

b  Sara est contente ....  Julie est ....

3 points

2. Donnez trois noms de matières que vous avez à l'école. N'oubliez pas l'article (le, la, l', les).

→ Les mots 7: Le collège, les matières, p. 33

a .... b .... c ....

3 points

3. Ecrivez les verbes aux temps demandés.

→ Bien écrire 2: Les verbes, p. 46

	présent	passé composé	futur composé
faire	je	nous	ils ....
venir	vous	elle	tu ....

3 points

4. Trouvez la fin des phrases et reliez ↔ les deux parties.

a Le week-end dernier, …	nous mangeons au restaurant.
b La semaine prochaine, …	vous êtes allés à la plage.
c Ce soir, …	elle va partir en vacances.

2 points

5. Mettez les mots dans l'ordre.

organisé / corres / vous / une / avez / fête / grande / vos / pour / ?

....

2 points

6. Soulignez le mot correct.

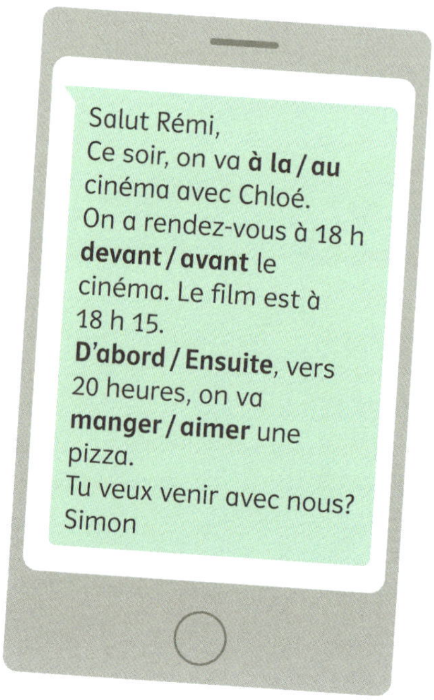

10 points

D Production écrite

→ Bien écrire, p. 46

Choisissez **1.** ou **2.** et écrivez un petit texte d'environ 70 mots.

→ Les mots 2: Le petit-déjeuner, p. 31
→ On dit 7: Qu'est-ce que tu prends au petit-déjeuner?, p. 40

1. Une conversation

Situation: Tu es dans une famille française et c'est le matin. Tu arrives dans la cuisine pour prendre le petit-déjeuner. M. Brun te pose des questions, tu réponds.
Ecris **le dialogue**. Ecris les questions de monsieur Brun et tes réponses. (70 mots)

2. Une invitation

→ Les mots 1: Les activités, p. 30

Situation: Tu as un(e) ami(e) français(e) et tu veux l'inviter chez toi, en Allemagne. Ecris **un e-mail** pour lui proposer de venir. (70 mots)

Voici des idées:
- propose une date et un nombre de jours
- explique comment venir, quels transports sont possibles
- propose des activités à faire près de chez toi

....

....

....

....

....

....

....

....

....

....

....

....

10 points

E Faites l'interprète

Lisez l'e-mail et la situation et répondez aux questions de vos parents en allemand.

Location de vacances

Madame, Monsieur,

Pour vos vacances dans notre ville, nous pouvons vous proposer un très joli appartement situé à 200 mètres de la plage et du port.
Idéal pour une famille avec des enfants, l'appartement a deux chambres, un grand salon avec télévision et une grande terrasse avec vue sur la mer. La cuisine est équipée: micro-ondes, lave-linge, lave-vaisselle.
Vous avez aussi un parking réservé pour votre voiture, le Wi-Fi gratuit et la climatisation.
Les animaux de compagnie sont autorisés.
La semaine (du samedi au samedi) coûte 300 euros en juin et 350 euros en juillet et en août.
L'arrivée est après 14 heures et le départ est avant 11 heures.
Près de l'appartement, vous avez des activités très sympathiques comme Aqualand (un grand parc aquatique), vous pouvez aussi louer des vélos ou des kayaks près de la plage. Les commerces (boulangeries, restaurants, épiceries, …) sont à 200 mètres de l'appartement.

Nous espérons vous voir bientôt à Arcachon.
Bien cordialement
Lucie Daumas

Situation: Deine Familie hat beschlossen, die Ferien in Frankreich zu verbringen. Deine Eltern sind auf der Suche nach einer Unterkunft. Sie haben eine E-Mail von der Touristeninformation in Arcachon mit Informationen über ein Apartment bekommen, aber sie verstehen kein Französisch. Lies die E-Mail und beantworte die Fragen deiner Eltern auf Deutsch.

Deine Eltern möchten wissen …

2 points
a wie viele Schlafzimmer das Apartment hat und ob es einen Außenbereich gibt.

…………………………………………………………

1 point
b ob es eine Mikrowelle gibt.

…………………………………………………………

1 point
c ob ihr mit eurem Hund kommen könnt.

…………………………………………………………

2 points
d wie die restliche Ausstattung des Apartments ist. *(2 Informationen)*

…………………………………………………………

1 point
e ob das Apartment weit vom Meer entfernt ist.

…………………………………………………………

1 point
f an welchen Tagen und zu welcher Uhrzeit man an- und abreisen kann / muss.

…………………………………………………………

…………………………………………………………

1 point
g wie hoch die wöchentliche Miete im Juni ist.

…………………………………………………………

1 point
h was man in der Nähe des Apartments unternehmen kann.

…………………………………………………………

Examen 1: Mes points ______ / 60

A Compréhension orale

02

10 points

> Vous allez entendre un enregistrement. Pour cet exercice, vous avez:
> - une minute pour lire les questions
> - une première écoute
> - une minute de pause pour commencer à répondre aux questions
> - une deuxième écoute

Mme Vermont reçoit un appel téléphonique. Cochez ☒ les bonnes réponses ou répondez aux questions.

1. Qui téléphone à Mme Vermont? — 1 point

☐ son fils Lucas ☐ une infirmière ☐ un professeur ☐ l'hôpital

2. Lucas a eu un problème pendant quelle activité? — 2 points

....

3. Où est-ce que Lucas a mal? — 1 point

4. Où est Lucas? — 1 point

☐ à l'infirmerie ☐ à l'hôpital ☐ à la maison ☐ chez le docteur

5. Où est la mère de Lucas? — 1 point

☐ à la maison ☐ à l'hôpital ☐ à son travail ☐ au supermarché

6. Elle va arriver dans combien de temps? — 2 points

....

7. Qu'est-ce que Lucas doit faire à l'hôpital? — 2 points

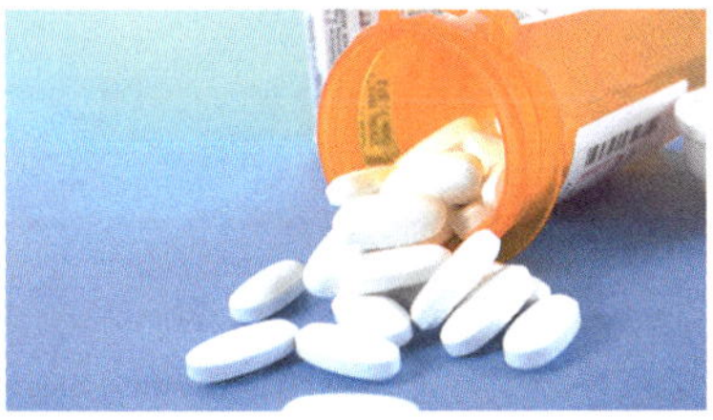

a ☐

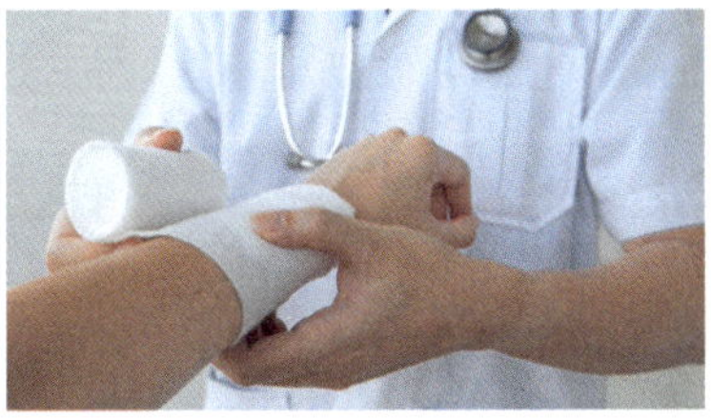

b ☐

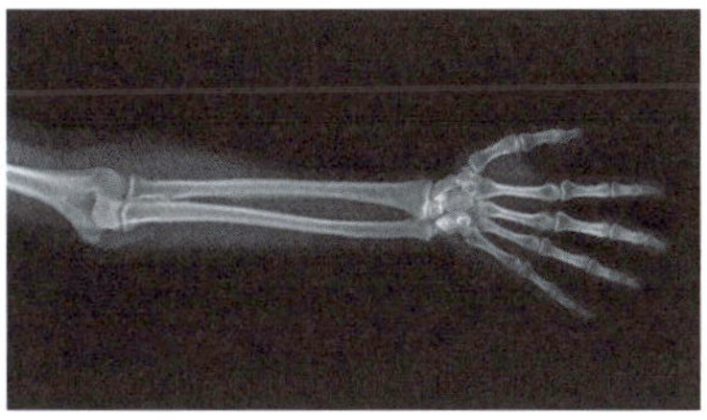

c ☐

15 points

B Compréhension de texte

Activités du club ado

Vous faites un stage *Vacances et découvertes* en France. Lisez le programme des activités et répondez aux questions.

Activités	Description	Dates
1 Réaliser des vidéos avec Marianne	Tu aimes faire des vidéos avec ton smartphone? Avec moi, tu vas apprendre à créer une histoire, un story-board, filmer les scènes, enregistrer les sons et travailler le tout sur ordinateur pour faire un vrai film. A la fin de notre stage d'une semaine, ta vidéo va être prête et nous allons la poster sur Internet pour la montrer à tes amis.	- du 1er juillet au 31 août. - stage d'une semaine, tous les jours, de 14 h à 17 h. - âge: 12 à 17 ans.
2 Faire de l'escalade avec François	Plus haut, encore plus haut! Pendant nos sorties, nous allons découvrir des sites naturels où on peut escalader les montagnes! Les rochers d'escalade sont à 30 minutes en bus. Selon les groupes, 2 ou 3 animateurs sont présents sur le site. Tout le matériel nécessaire est fourni.	- du 15 juin au 31 août. - trois sorties par semaine: lundi, mercredi et vendredi. - de 14 h à 17 h 30. - âge: 15 à 17 ans.
3 Organiser des soirées à thème avec Julie	Tu n'es pas fan de sport? Tu aimes les fêtes à thème? Mon club est fait pour toi! Nous allons organiser la soirée du vendredi soir pour les autres jeunes du stage de vacances. Nous allons choisir un thème et organiser la soirée autour de ce thème: costumes, maquillages, spectacles, animations. Quand tout sera prêt, nous inviterons tous les jeunes à faire la fête avec nous le vendredi soir (à 19 heures pour les 12 à 14 ans et à 21 heures pour les 15 à 17 ans). Bonne ambiance assurée!	- du 1er juillet au 31 août. - trois jours par semaine: mardi, mercredi et jeudi. - de 10 h à 12 h pour les 12 à 14 ans. - de 15 h à 17 h pour les 15 à 17 ans.

3 points

1. Associez chaque photo à une activité du programme (n° 1, 2 ou 3).

a Activité n° ....

b Activité n° ....

c Activité n° ....

4 points

2. Vrai ou faux? Cochez les bonnes réponses.

	Vrai	Faux
a Toutes les activités ont lieu tous les jours.	☐	☐
b Les jeunes de moins de 15 ans peuvent faire de l'escalade.	☐	☐
c Tous les jeunes de 12 à 17 ans sont invités à la «soirée à thème».	☐	☐
d Il y a plusieurs moniteurs d'escalade.	☐	☐

3. Quels thèmes pour les activités 1 à 3? Cochez ☒ les cinq bonnes réponses. 5 points

	Nature	Créativité	Sport	Informatique
Activité 1	☐	☐	☐	☐
Activité 2	☐	☐	☐	☐
Activité 3	☐	☐	☐	☐

4. Cochez la bonne réponse. 3 points

a Pour le club vidéo, il faut …

☐ un appareil photo. ☐ un drone. ☐ un téléphone portable.

b L'escalade est …

☐ dans une salle. ☐ au centre de vacances. ☐ dans la nature.

c Les soirées à thème sont …

☐ le jeudi soir. ☐ le vendredi soir. ☐ le samedi soir.

C Vocabulaire et structures

15 points

1. Ecrivez la phrase pour dire le contraire. 2 points

a J'adore faire du shopping. → Je ....

b C'est facile! → C'est ....

2. Donnez trois noms de bâtiments ou de monuments d'une ville. → Les mots 11: La ville, p. 36 3 points
N'oubliez pas l'article (un, une).

a .... b .... c ....

3. Ecrivez les verbes aux temps demandés. → Bien écrire 2: Les verbes, p. 46 3 points

	présent	passé composé	futur composé
aller	ils	elle	vous ....
boire	nous	tu	je ....

4. Trouvez la fin des phrases et reliez ↔ les deux parties de chaque phrase 3 points

a Je voudrais …	de croissants.
b Je mange beaucoup …	les croissants.
c J'aime beaucoup …	un croissant, s'il vous plaît.

5. Mettez les mots dans l'ordre. 2 points

petit / froid / malade / qu' / frère / faisait / est / mon / parce / il / .

....

2 points

6. Soulignez le mot correct.

Chers élèves,

La rentrée des classes est **le / en** mardi 4 septembre **pour / à** 9 heures. Nous allons mettre les emplois du temps de toutes les classes **par / sur** la page Internet du collège **dans / en** quelques jours.

A très bientôt
La directrice

10 points

D Production écrite

→ Bien écrire, p. 46

Choisissez **1.** ou **2.** et écrivez un petit texte d'environ 70 mots.

1. Présenter un ami / une amie / une personne de ta famille

→ Les mots 1: Les activités, p. 30
→ Les mots 4: La famille, p. 33

Situation: Vous participez à l'atelier d'écriture de votre école. Cette semaine l'atelier est en français.
Ecris un texte pour présenter une personne que tu aimes bien (ami(e), famille, …). (70 mots)
Explique qui est cette personne, donne son nom, son âge.
Qu'est-ce qu'il / elle aime?
Quelles sont ses activités préférées?
Qu'est-ce que vous faites ensemble?

2. Un message pour ton corres

→ Les mots 1: Les activités, p. 30

Situation: Jules, un ami français, t'a envoyé un message. Tu es à une fête avec des copains et tu lui réponds avec un message. (70 mots)

Tu lui expliques:
- où tu es.
- qui est avec toi.
- ce que vous faites.
- …

A la fin, tu lui poses une question.

10 points

E Faites l'interprète

Lisez les informations et la situation et répondez aux questions de la famille allemande.

Journée safari, tour ambiance savane

Venez découvrir les animaux d'Afrique dans le sud de la France.

La visite de la Réserve Africaine commence **en voiture** (parcours de 6 km) et se termine **à pied**.

Dans le parcours voiture vous pouvez voir les gros animaux d'Afrique: lions, zèbres, girafes …

Pendant la promenade à pied (environ 2 heures) vous pouvez découvrir beaucoup d'oiseaux: flamants roses, pélicans …

Comptez entre trois et quatre heures de visite au minimum!

Tarifs

- Adultes: 31 euros
- Enfants (de 4 à 14 ans): 22 euros
- Personnes handicapées: 13,50 euros
- Pack famille: 2 adultes + 2 enfants: 60 euros

Les prix comprennent l'accès complet au parc: voiture + promenade à pied.

Restauration sur place:

- cafétéria: plats chauds, salades, boissons
- snacks à emporter
- aires de pique-nique

Ouvert toute l'année:

- du 1er / 07 au 31 / 08: de 8 h 30 à 19 h 30
- du 1er / 09 au 30 / 09: de 9 h à 19 h
- du 1er / 10 au 31 / 10: de 9 h à 18 h 30
- du 1er / 11 au 30 / 04: de 9 h à 16 h 30
- du 1er / 05 au 30 / 06: de 9 h à 18 h

Situation: Du bist im Urlaub in Frankreich und triffst auf eine Familie aus Deutschland, die kein Französisch versteht. Die Familie würde gerne eine Safari in einem Reservat machen. Die Mutter hat diesen Prospekt aus der Touristeninformation mitgenommen und fragt dich, ob du ihnen helfen kannst. Lies den Prospekt und beantworte die Fragen auf Deutsch.

Die Familie möchte wissen, …

a welche Tiere man auf der Safari sehen kann. *(Nenne 3 Tiere)* — 1 point

....

b wie der Besuch abläuft und ob man viel zu Fuß gehen muss. — 1 point

....

....

c wie viel Zeit man für den Besuch des Reservats einplanen sollte. — 1 point

....

d ob man selbst etwas zu essen mitbringen muss. — 1 point

....

e ob man vor Ort Getränke kaufen kann. — 1 point

....

f ob der Park morgen (3. Juni) geöffnet ist. — 1 point

....

g wie die Öffnungszeiten morgen (3. Juni) sind. — 1 point

....

h wie viel der Besuch für die Familie kostet (2 Erwachsene und 2 Kinder, 10 und 12 Jahre alt). — 3 points

....

Examen 2: Mes points ______ / 60

3 Examen

10 points

A Compréhension orale

03

Vous allez entendre un enregistrement. Pour cet exercice, vous avez:
- une minute pour lire les questions
- une première écoute
- une minute de pause pour commencer à répondre aux questions
- une deuxième écoute

Vous êtes en France et vous écoutez la radio. Cochez les bonnes réponses ou complétez les phrases.

2 points

1. Décidez si c'est vrai ou faux.

	Vrai	Faux
a Cette émission de radio, c'est tous les jeudis.	☐	☐
b La femme interviewée est spécialiste des loisirs.	☐	☐

1 point

2. Quelle est l'activité préférée des jeunes?

a ☐

b ☐

c ☐

4 points

3. Complétez les phrases avec les informations de l'interview.
   a 70 % des jeunes adorent ....
   b Les garçons aiment aussi beaucoup ....

1 point

4. Qu'est-ce que les filles adorent aussi?
   ☐ la randonnée ☐ les voyages ☐ la danse

2 points

5. Quel autre sujet intéresse les jeunes?

a ☐

b ☐

c ☐

15 points

B Compréhension de texte

Lisez les messages de Maïssa et Sophia. Puis, répondez aux questions.

Maïssa

Salut Sophia,
Samedi soir, je fais une soirée desserts à partir de 20 heures et j'invite aussi Marco et Kenzo. Mais je n'ai pas le numéro de Kenzo. Tu peux lui écrire? Je vais acheter des petits gâteaux. Tu aimes quoi comme gâteaux?
Merci et à samedi!
Bises

Sophia

Oh, c'est trop cool!
Je viens. Et j'envoie ton invitation à Kenzo tout de suite. J'aime tous les gâteaux, mais je te préviens quand même que je suis allergique aux œufs et Kenzo est allergique au lait. Et aussi, je crois que Marco n'aime pas trop les fruits ni le chocolat. On est compliqués, hein 😉 😘

1 point

1. Maïssa va dans quel magasin? Cochez.

a ☐

b ☐

c ☐

d ☐

3 points

2. Maïssa voit ces gâteaux. Quel gâteau est-ce qu'elle va choisir pour chaque personne?

	Opéra	Eclair (vanille)	Tartelette
Nom de la personne	....	....	....

Opéra
ingrédients: œufs, sucre, amandes, beurre, farine, chocolat

Eclair: chocolat / café / vanille
ingrédients: farine, sucre, œufs, beurre, lait
Parfum au choix: café, chocolat ou vanille

Tartelette
ingrédients: beurre, sucre, amandes, farine, lait
Fruits au choix: fraises, framboises ou abricots

Sur le carton des gâteaux, il y a cette information. Lisez-la.

> Chers clients / chères clientes,
>
> Tous nos produits sont bio et locaux et ils sont frais de ce matin.
>
> Conservez-les au frigo. Sortez-les 30 minutes avant de les consommer. Vous pouvez consommer nos produits jusqu'à 2 jours après leur achat.
>
> Tous les gâteaux sont à 2 euros pièce. Pour l'achat de 5 gâteaux, le 6ème est offert.
>
> Bonne dégustation ☺

2 points

3. Quand Maïssa va rentrer chez elle, où est-ce qu'elle doit mettre les gâteaux? Cochez.

a ☐

b ☐

c ☐

3 points

4. Décidez si c'est vrai ou faux.

		Vrai	Faux
a	Pour les éclairs et les tartelettes, Maïssa ne peut pas choisir le parfum.	☐	☐
b	Les gâteaux sont frais d'aujourd'hui.	☐	☐
c	Les ingrédients des gâteaux viennent de la région où Maïssa habite.	☐	☐

6 points

5. Complétez les phrases ou cochez la bonne réponse.
   a Maïssa veut manger les gâteaux à quelle heure? A partir de ....
   Elle doit les mettre sur la table à ....
   b Maïssa achète ces produits un vendredi. Elle peut donc les manger jusqu'à ....
   Est-ce que c'est O. K. pour la fête? ☐ Oui. ☐ Non.
   c Si Maïssa achète 6 gâteaux, elle va payer .... euros.

C Vocabulaire et structures

15 points

1. Ecrivez la phrase négative pour répondre aux questions. 2 points

   a Ça s'est bien passé? Non, ……………………………………………………………………………….

   b Tu connais tout le monde ici? Non, je ne connais ……………………………………………………….

2. Donnez trois noms de moyens de transport pour aller d'une ville à une autre. N'oubliez pas l'article (le, la, l'). → On dit 3: Parler de ses vacances, p. 37 3 points

   a ……………………………… b ……………………………… c ………………………………

3. Complétez le texte avec les *verbes* aux *temps* demandés. → Bien écrire 2: Les verbes, p. 46 3 points

   Anna: Cet été, ma cousine et moi, nous ……………………………… *(vouloir, présent)* faire de l'équitation.

   Hugo: Tu ……………………………… *(pouvoir, passé composé)* en parler avec tes parents?

   Anna: Non, pas encore. Mais ils ……………………………… *(ne pas vouloir, futur composé)*, c'est sûr! L'année dernière, déjà, ils ……………………………… *(ne pas vouloir, passé composé)*.

   Hugo: Vous ……………………………… *(pouvoir, présent)* quand même essayer de les faire changer d'avis.

4. Trouvez la fin des phrases et reliez les deux parties. 3 points

a Je fais ma valise …	pendant les vacances.
b J'écris à mes amis …	avant les vacances.
c Je montre mes photos à mes amis …	après les vacances.

5. Mettez les mots dans l'ordre. 2 points

   suis / mal / tombé / je / j' / à / ai / la / jambe / et / .

   ………

6. Soulignez le mot correct. 2 points

Salut Bilal,

Je suis **en / à** *Paris* **chez / à** *ma cousine.*
C'est cool! Hier, je suis monté **pour / à la** *tour Eiffel.*
Cet après-midi, je vais **au / à la** *Louvre.*
Il fait super beau!
Et toi? Tu es parti **en / aux** *vacances avec ta famille?*
A bientôt

Charlie

10 points

D Production écrite

→ Bien écrire, p. 46

Choisissez **1.** ou **2.** et écrivez un petit texte d'environ 70 mots.

1. Une conversation par texto

→ On dit 18: Discuter et donner son avis, p. 45

Situation: Youssef t'a invité(e) à son anniversaire avec d'autres copains. Tu écris un message à Max pour savoir s'il est invité aussi. Tu proposes d'y aller avec lui et vous organisez un rendez-vous (lieu, transport, heure). Tu proposes aussi d'acheter un cadeau pour Youssef. Vous en discutez.
Ecris la discussion / les textos entre toi et Max. (70 mots)

Moi: Salut Max, …

2. Une photo pour ton / ta corres

→ On dit 1: Se présenter, p. 37
→ Les mots 1: Les activités, p. 30

Situation: Votre collège organise un échange avec des jeunes Français. Les corres vont bientôt venir. Tu ne connais pas encore ton / ta corres, alors tu lui écris un message pour te présenter. Tu lui présentes aussi ta famille (ta vraie famille ou une famille que tu imagines). Tu expliques où vous habitez et les activités qu'on peut faire près de chez toi. Tu expliques comment tu vas au collège, l'heure du lever, et comment se passe ta journée. Tu poses aussi des questions à ton / ta corres qui sont importantes pour l'échange. (70 mots)

10 points

E Faites l'interprète

Lisez la carte et la situation et répondez aux questions de la famille allemande.

CARTE du Camping sous les pins

Nos salades

La fermière: salade, tomates, carottes, poulet, vinaigrette .... 10 €
La crémière: salade, fromage de roquefort, jambon, vinaigrette .... 10 €
La nordique: salade, poisson fumé, avocat, vinaigrette .... 12 €
La paysanne: tomates, carottes, olives, vinaigrette, fromage .... 10 €

Nos sandwichs

Le classico: jambon, beurre, cornichons .. 5 €
L'Américain: steak haché, ketchup .... 5 €
Le Frenchie: camembert, olives, salade, vinaigre balsamique .... 5 €

Nos spaghettis

Bolognaise: sauce tomate, viande hachée, fromage .... 10 €
Carbonara: crème, jambon, fromage, œuf 10 €
Provençale: tomates fraîches, huile d'olive, basilic .... 10 €

En extra

Frites (petite, moyenne, grande)....... 4 / 5 / 6 €

Et pour après

Boules de glace (chocolat, vanille, café, citron, fraise) .... 3 € / boule
Salade de fruits frais .... 5 €

Nos boissons

Soda .... 3 €
Bières (bouteilles) .... 5 €
Café, thé .... 2 €

Notre menu minot (- de 10 ans)

Steak haché + frites ou purée + boisson .. 8 €

Pour un plat et un dessert achetés, une boisson non alcoolisée est offerte.

Situation: Du hast einen Ferienjob in der Cafeteria eines Campingplatzes in Frankreich. Eine Familie aus Deutschland kommt zum Essen. Sie verstehen kein Französisch. Du gibst Auskunft auf Deutsch.

Die Familie möchte wissen, …

a ob es sowohl kalte als auch warme Speisen gibt. (1 point)

....

b was der Sohn, der sich vegetarisch ernährt, als Hauptspeise essen kann. (2 points)

....

....

c welche Hauptspeise die Mutter, die keinen Käse mag, essen kann. (2 points)

....

....

d ob es ein Menü für Kinder gibt und wenn ja, was es beinhaltet. (2 points)

....

....

e welche Desserts es gibt. (2 points)

....

f ob es spezielle Sparangebote gibt. (1 point)

....

....

Examen 3: Mes points ______ / 60

4 Examen

10 points

A Compréhension orale

04

Vous allez entendre un enregistrement. Pour cet exercice, vous avez:
- une minute pour lire les questions
- une première écoute
- une minute de pause pour commencer à répondre aux questions
- une deuxième écoute

Situation: Vous êtes en France, à la terrasse d'un café. Vous entendez cette conversation. Cochez les bonnes réponses ou répondez aux questions.

1 point 1. Le week-end dernier, la dame est partie où?

☐ à la mer ☐ à la montagne ☐ à la campagne

2 points 2. Elle est partie avec qui?

....

2 points 3. Quel temps faisait-il?

a ☐

b ☐

c ☐

d ☐

e ☐

1 point 4. L'eau était à quelle température?

.... degrés

1 point 5. Qu'est-ce qu'elle a mangé?

a ☐

b ☐

c ☐

2 points 6. Décidez si c'est vrai ou faux.

	Vrai	Faux
a Les personnes qui parlent travaillent ensemble.	☐	☐
b Les personnes parlent de leurs amis.	☐	☐

1 point 7. Pourquoi est-ce que la dame n'est pas contente de s'occuper du nouveau client?

☐ Parce qu'elle n'aime pas ce projet.

☐ Parce qu'elle a déjà beaucoup de projets.

☐ Parce qu'elle n'aime pas ce client.

15 points

B Compréhension de texte

Situation: La famille Barmot (les parents, Jade qui a 14 ans et Victor qui a 16 ans) pense aux vacances d'été.
Mme Barmot veut aller dans une région où il ne fait pas trop chaud, surtout la nuit. Mais elle n'aime pas la pluie. Elle aime la randonnée et la nature.
M. Barmot est très sportif. Pendant les vacances, il aime faire du vélo et de l'escalade.
Victor veut faire un stage pour découvrir la voile (kitesurf, char à voile, ...).
Jade veut faire de l'équitation. Elle aime les animaux.

Sur les pages Internet des offices de tourisme, ils lisent les descriptions de trois villes. Lisez les descriptions, puis répondez aux questions page 26.

Bienvenue à Antibes – Juan les Pins!

Ville d'histoire, de loisirs et de sports en Méditerranée, où le soleil brille 300 jours par an.
Vous allez adorer les nombreuses activités nautiques proposées (kitesurf, ski nautique) dans une mer toujours chaude.
Vous allez aimer la fraîcheur de nos différents musées aux heures les plus chaudes de la journée.
Et le soir, profitez des longues soirées chaudes pour vous promener dans les marchés nocturnes.
Enfin, pour une journée exceptionnelle, ne manquez pas le parc Marineland, où vous pourrez admirer beaucoup d'animaux marins (dauphins, phoques, pingouins, ...).
Vous adorez la chaleur du sud? Alors, Antibes est votre destination!

Carnac: le meilleur de la Bretagne dans une ville

En famille ou entre amis, les activités ne manquent pas à Carnac.
Vous aimez l'histoire? Venez visiter les sites archéologiques.
Vous avez envie de bouger? Pas de problème: nous avons des circuits de randonnées ou de vélo, en bord de mer, en forêt ou dans des sites historiques.
Vous aimez l'eau? C'est le moment de découvrir de nouveaux sports nautiques comme le surf, la voile, la plongée, ...
Vous êtes plutôt campagne? Choisissez alors dans les nombreuses activités de loisirs: escalade, tennis, équitation, ...
En Bretagne, vous ne souffrirez pas de la canicule, les soirées sont toujours fraîches, jamais trop chaudes.
Et s'il pleut, vous pouvez toujours aller déguster des crêpes dans nos nombreuses crêperies locales.
Ça aussi, c'est les vacances!

Embrun et Serre-Ponçon: c'est la mer à la montagne!

Embrun au bord du lac de Serre-Ponçon dans les Alpes du Sud, est la destination idéale pour les personnes qui aiment les sports aquatiques et la montagne.
Les plages de notre lac vous offrent la possibilité de baignades et de diverses activités sportives comme le kitesurf, la voile, le kayak ou le rafting, ...
Tout autour du lac, partez découvrir nos montagnes à pied, à cheval ou à vélo. Air pur, lacs, cascades et animaux sauvages (marmottes, chamois, aigles, ...) vont vous accompagner dans vos randonnées.
Envie d'autre chose? Escalade, accrobranche, vélo de route sur les cols du Tour de France, visite de sites historiques, ... tout cela est possible aussi dans notre région.
Et côté météo, là encore, c'est parfait! Journées ensoleillées du sud de la France et bonheur des nuits fraîches de la montagne.
Alors, n'hésitez pas, venez nous voir bientôt!

4 Examen

3 points

1. Reliez chaque photo à une ville.

a

b

c

Antibes — Carnac — Embrun

3 points

2. Vrai ou faux? Cochez la bonne réponse.

	Vrai	Faux
a A Carnac, il fait toujours beau.	☐	☐
b A Antibes, il fait chaud le jour et la nuit.	☐	☐
c A Embrun, les nuits ne sont pas trop chaudes.	☐	☐

4 points

3. a Cochez les huit bonnes réponses.

	1. Il fait beau mais pas trop chaud la nuit et on peut faire de la randonnée (pour Mme Barmot).	2. Victor peut faire de la voile.	3. On peut faire de l'escalade et du vélo (pour M. Barmot).	4. Jade peut faire de l'équitation.
Antibes	☐	☐	☐	☐
Carnac	☐	☐	☐	☐
Embrun	☐	☐	☐	☐

2 points

b Quelle ville va être parfaite pour toute la famille? ....

3 points

4. Cochez la bonne réponse.

a Les animaux marins d'Antibes sont …

☐ dans une piscine. ☐ dans un musée. ☐ dans un parc aquatique.

b Les sites historiques de Carnac sont …

☐ dans la nature. ☐ dans une vieille maison. ☐ dans la mer.

c Les animaux autour d'Embrun sont …

☐ dans la nature. ☐ dans un musée. ☐ dans un zoo.

15 points

C Vocabulaire et structures

1. Ecrivez les réponses négatives. 2 points

   a Tu aimes le kitesurf? Non, ...

   b Tu as déjà visité Antibes? Non, ...

2. Donnez trois noms de pièces dans la maison. → Les mots 9: Les pièces de l'appartement, p. 35 3 points
   N'oubliez pas l'article (le, la, l', les).

   a .... b .... c ....

3. Complétez les dialogues avec les *verbes* aux *temps* demandés. → Bien écrire 2: Les verbes, p. 46 3 points

   a *Anna:* À quelle heure est-ce que tu .... *(partir, futur composé)* à l'école demain?

   Hugo: Ce matin, ... *(prendre, passé composé)* le bus à 7 h 30. Mais demain, je .... *(aller, futur composé)* à l'école à pied. Je .... *(partir, futur composé)* à 7 h 10.

   b *Anna:* Dans votre école, est-ce que vous .... *(devoir, présent)* mettre vos téléphones dans vos sacs?

   Hugo: Oui, on les .... *(mettre, présent)* toujours dans nos sacs pendant les cours, sinon les professeurs les .... *(prendre, présent)*. Même hier, pendant la sortie de classe, nous .... *(devoir, passé composé)* passer toute la journée sans téléphone. Pas cool!

   Anna: Mais la sortie .... *(être, imparfait)* bien?

   Hugo: Oui, il y .... *(avoir, imparfait)* une super ambiance.

4. Trouvez la fin des phrases. Reliez les deux parties de la phrase. 3 points

a Arcachon est une ville que …	est au bord de l'océan Atlantique.
b Arcachon est une ville qui …	Markus va en vacances tous les ans.
c Arcachon est une ville où …	Markus connaît bien.

5. Mettez les mots dans l'ordre. 2 points

   mal / a / elle / au / trop / a / parce / Nina / mangé / de / ventre / chocolat / qu' / .

   ....

6. Entourez le mot correct. 2 points

   La cliente: C'est quoi, la raclette?

   Le serveur: C'est un plat des Alpes.

   La cliente: Qu'est-ce qu'il y a dedans?

   Le serveur: Il y a **du / de la** fromage, **de la / des** pommes de terre, **de la / du** charcuterie.

   La cliente: Il n'y a pas **de / du** crème?

   Le serveur: Non, pas du tout.

10 points

D Production écrite

→ Bien écrire, p. 46

Choisissez **1.** ou **2.** et écrivez un petit texte d'environ 70 mots.

1. Un message de vacances

→ Les mots 1: Les activités, p. 30

Situation: Tu es en vacances et tu décides d'écrire un message à un(e) ami(e) français(e). (70 mots)

Voici quelques idées:
- explique où tu es, avec qui, pour combien de temps.
- décris ce que tu fais, ce que tu as fait hier, ce que tu vas faire demain.
- donne ton avis sur ces vacances.

2. Un avis sur Internet

→ On dit 19: Présenter et commenter un film, p. 45

Situation: Tu as vu un film au cinéma et tu décides de poster un commentaire sur le site *Allociné* pour parler du film et donner ton avis. (70 mots)

Voici quelques idées:
- donne le titre et le thème du film.
- parle de l'histoire, des personnages.
- donne ton avis sur ce film.

....

....

....

....

....

....

....

....

....

....

....

10 points

E Faites l'interprète

Lisez l'information et la situation et répondez aux questions des touristes allemands.

INFORMATION

Bienvenue au Musée du cinéma
Nous sommes heureux de vous accueillir du mardi au dimanche, de 10 h à 18 h.
Le prix d'entrée est de 6 euros (gratuit pour les moins de 18 ans et les étudiants de moins de 26 ans). Des audioguides sont disponibles en plusieurs langues (français, anglais, allemand, italien, espagnol et japonais). Le prix de location est de 3 euros.

Films à 360 degrés
Après le musée, vous pouvez aller regarder un film à 360 degrés. La salle de cinéma se trouve place Victor Hugo, à 2 minutes à pied du musée du cinéma. Pour y accéder, prenez la rue à droite en sortant du musée. Tournez à droite, puis dans la première rue à gauche. La salle est en haut de la rue. Les horaires sont les mêmes que ceux du musée du cinéma. Prix de l'entrée: 5 euros.

Partenariat Musée du cinéma – Salle de cinéma
Le musée du cinéma et la salle de cinéma 360 degrés ont décidé de s'associer. Pour l'achat d'un billet double, vous avez droit à une entrée à tarif réduit (9 euros seulement), valable 2 semaines. Cette offre n'est pas valable en juillet et en août.

BONNE VISITE

Situation: Du verbringst deine Ferien in einer französischen Stadt. Vor dem *Musée du cinéma* triffst du an einem Sonntagvormittag im September auf eine Gruppe deutscher Touristen, die sich das Plakat anschauen. Sie verstehen kein Französisch. Lies das Plakat und beantworte die Fragen der Gruppe auf Deutsch.

Die Touristen möchten wissen, …

a wann das Museum heute geöffnet ist und ob es zwischen 12 und 14 Uhr schließt. — 1 point

....

b ob eine Führung in deutscher Sprache angeboten wird. — 2 points

....

c wie viel der Eintritt kostet und ob es für Jugendliche eine Ermäßigung gibt. — 1 point

....

d ob der Eintrittspreis für das Kino im Preis für das Museum enthalten ist. — 1 point

....

e ob die Öffnungszeiten des *Musée du cinéma* anders sind als die des Kinos. — 1 point

....

f wie man vom Museum zum Kino kommt und ob es weit ist. — 2 points

....

g ob es Sparangebote gibt, die die Gruppe nutzen könnte. — 2 points

....

Examen 4: Mes points ______ **/ 60**

1 Les activités

Les loisirs

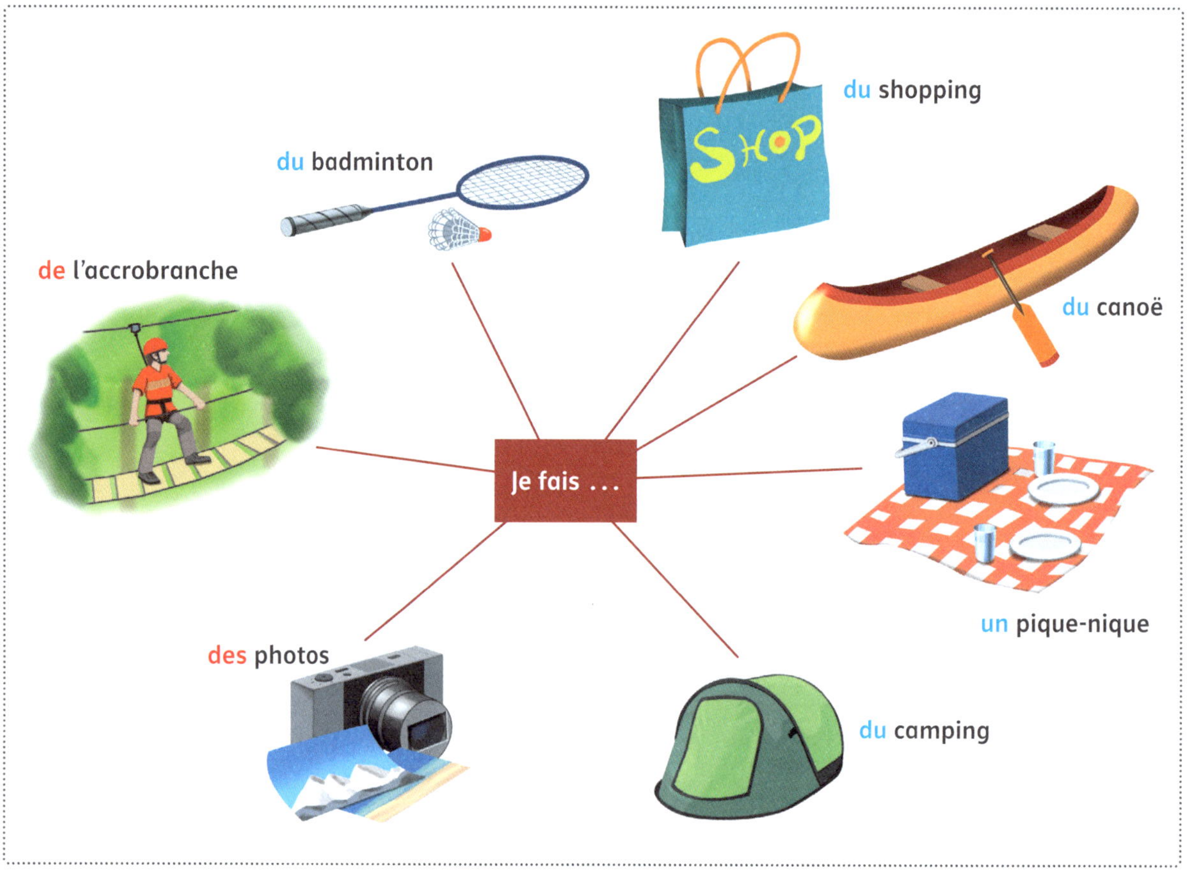

Les sports

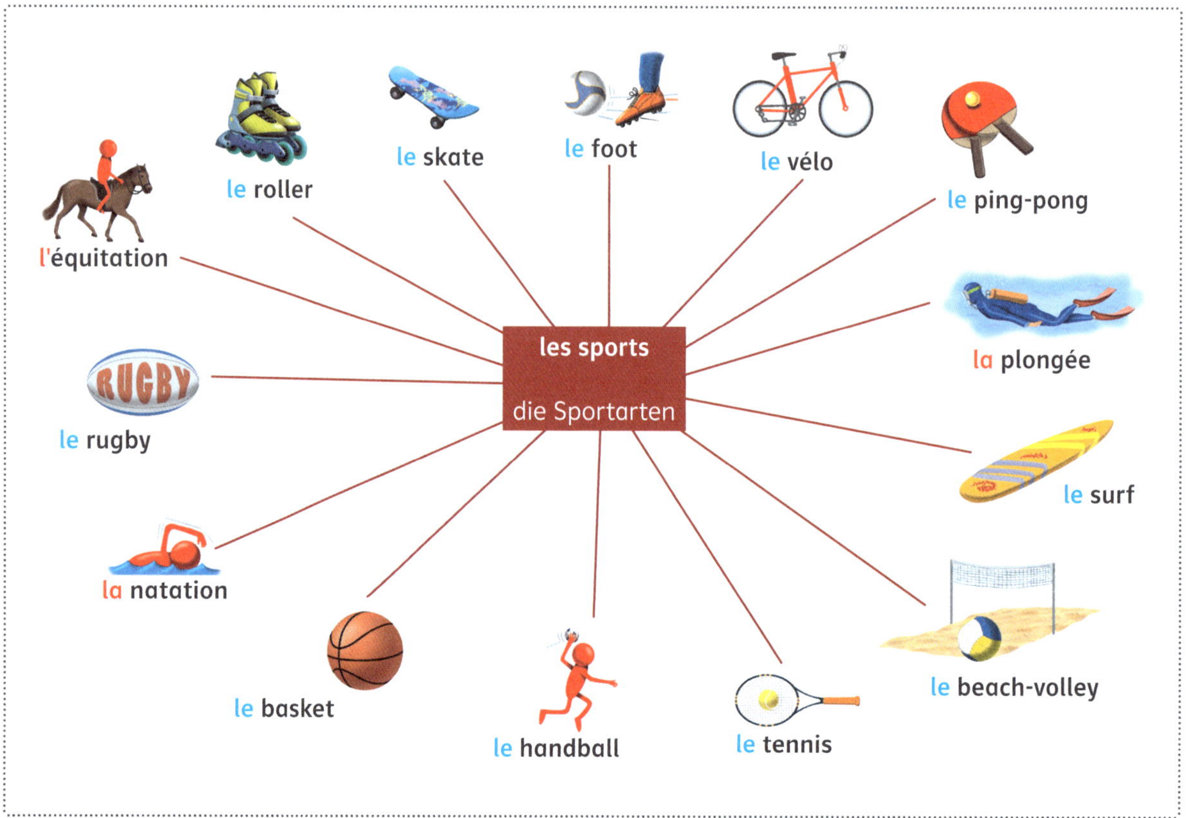

2 Les aliments

Le petit-déjeuner

un **thé**	ein Schwarztee	le **pain**	das Brot
le **lait**	die Milch	le **pain complet**	das Vollkornbrot
chaud/chaude	warm/heiß	le **pain grillé**	das Toastbrot
froid/froide	kalt	des **biscottes** *(f.) (pl.)*	Zwieback
une **tisane**	ein Kräutertee	un **yaourt**	ein Joghurt
un **cacao**	eine Schokolade *(zum Trinken)*	le **beurre**	die Butter
un **café**	ein Kaffee	la **confiture**	die Marmelade
le **sucre**	der Zucker	**d'abricot**	Aprikosen-
sans sucre	ohne Zucker	**de fraise**	Erdbeer-
un **bol**	eine Trinkschale	**de framboise**	Himbeer-
une **tartine**	eine Scheibe Brot mit Aufstrich	**de cerise**	Kirsch-
un **croissant**	ein Croissant	le **miel**	der Honig
des **céréales** *(f.) (pl.)*	Müsli	la **charcuterie**	die Wurstwaren
		un **œuf**/des **œufs**	ein Ei/Eier

A table

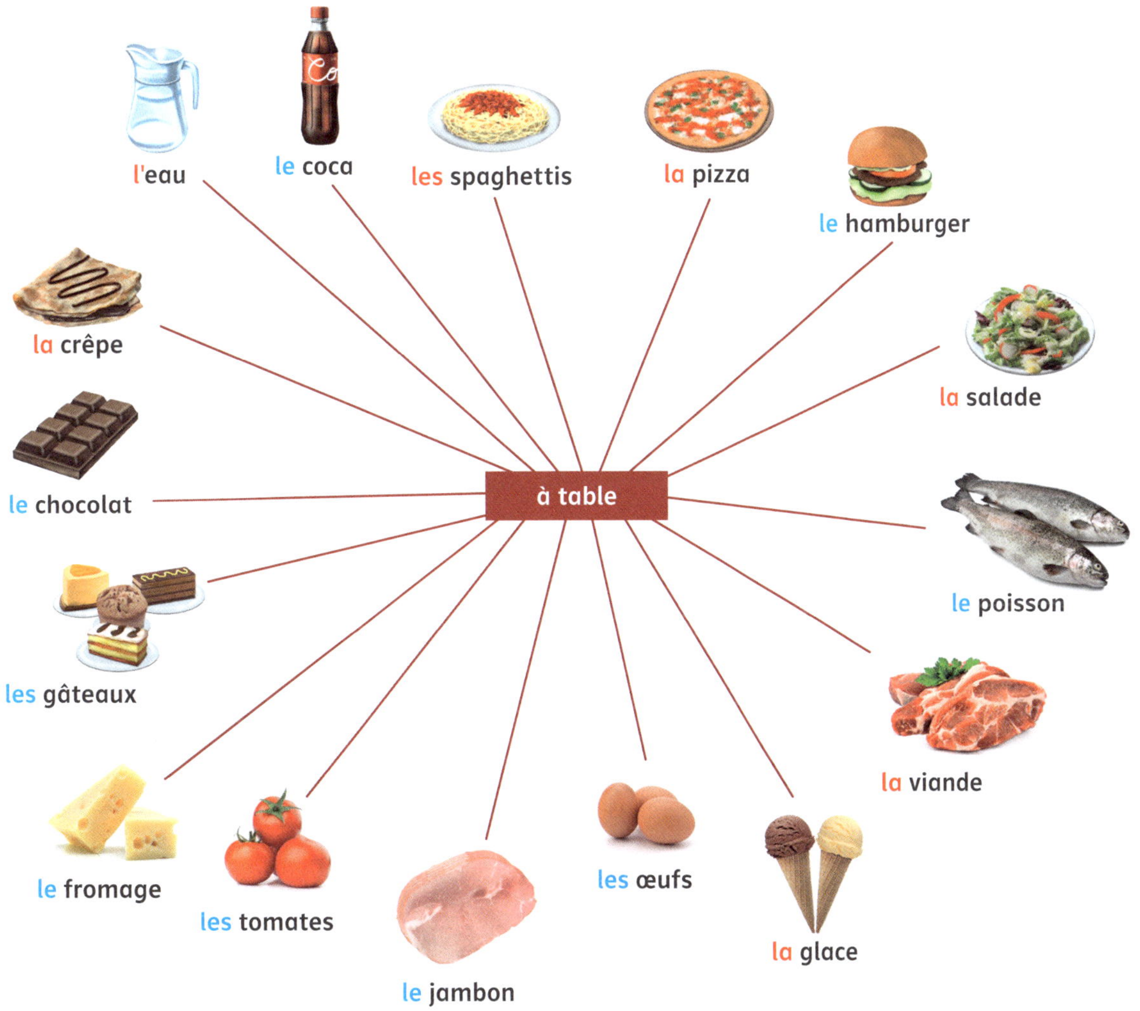

Les fruits et les légumes

les fruits

 une **cerise** eine Kirsche

 un **melon** eine Melone

 le **raisin** die Traube

 une **banane** eine Banane

 une **pomme** ein Apfel

 une **poire** eine Birne

 une **fraise** eine Erdbeere

 une **framboise** eine Himbeere

 un **abricot** eine Aprikose

 une **pêche** ein Pfirsich

les légumes

 une **pomme de terre** eine Kartoffel

 une **tomate** eine Tomate

 une **courgette** eine Zucchini

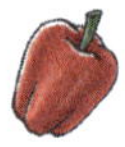 un **poivron** eine Paprika(schote)

 une **aubergine** eine Aubergine

 un **oignon** eine Zwiebel

 une **carotte** eine Karotte/Möhre

 l'**ail** *(m.)* der Knoblauch

 les **haricots** *(m.) (pl.)* die Bohnen

 les **petits-pois** *(m.) (pl.)* die Erbsen

3 Les parties du corps

la **tête** der Kopf
l'**épaule** *(f.)* die Schulter
la **main** die Hand
le **ventre** der Bauch
la **jambe** das Bein
le **pied** der Fuß
un **doigt** ein Finger
le **cou** der Hals
le **dos** der Rücken
le **bras** der Arm
le **genou** das Knie

les **parties** *(f.)* **du corps** *(m.)* die Körperteile

les **yeux** *(pl.)* die Augen
le **front** die Stirn
la **joue** die Wange
le **nez** die Nase
une **oreille** ein Ohr
une **dent** ein Zahn
la **bouche** der Mund
le **menton** das Kinn
la **gorge** die Kehle; der Hals

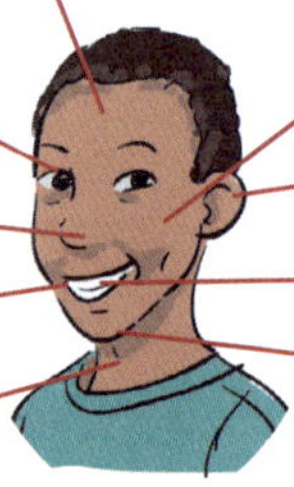

le **visage** das Gesicht

4 La famille

le père der Vater
la mère die Mutter
les parents die Eltern
un frère ein Bruder
une sœur eine Schwester

le grand-père der Großvater
la grand-mère die Großmutter
les grands-parents die Großeltern
un fils ein Sohn
une fille eine Tochter

une tante eine Tante
un oncle ein Onkel
le beau-père der Stiefvater
la belle-mère die Stiefmutter
un cousin/une cousine
ein Cousin/eine Cousine

5 La météo

Il fait beau. Das Wetter ist schön.
Il pleut. Es regnet.
Il fait chaud. Es ist heiß.
Il fait froid. Es ist kalt.
Il fait 20 degrés. Es ist 20 Grad warm.
Il fait frais / bon. Es ist frisch / mild.
C'est la canicule. Es ist sehr heiß. / Es gibt eine Hitzewelle.

Il y a de l'orage. Es gewittert.
Le soleil brille. Die Sonne scheint.
La pluie tombe. Der Regen fällt.
Il neige. Es schneit.
Il y a du vent. Es windet.
C'est la tempête. Es windet.

6 La géographie

la géographie
- **la campagne** die ländliche Gegend
- **la montagne** der Berg / das Gebirge
- **la mer** das Meer
- **le village** das Dorf
- **la ville** die Stadt
- **le fleuve** der Fluss / Strom
- **la frontière** die Grenze
- **la rivière** der (kleinere) Fluss

7 Le collège, les matières

les matières die Fächer
- **les maths** Mathe
- **l'histoire-géographie** Geschichte-Geografie
- **les SVT** (Sciences de la vie et de la terre) Biologie und Naturkunde
- **la technologie** Technik
- **l'EPS** (éducation physique et sportive) der Sportunterricht
- **la musique** der Musikunterricht
- **les sciences physiques** Naturwissenschaften
- **les arts plastiques** der Kunstunterricht
- **les langues vivantes** die Fremdsprachen
  - **l'anglais** Englisch
  - **l'allemand** Deutsch
  - **l'espagnol** Spanisch
  - **le français** Französisch
  - **le russe** Russisch

8 Les médias

le panier
liker
les réseaux sociaux
un chat
hashtag
un cloud
télécharger
un code QR
un message
un mot de passe
arobase
un e-mail
les écouteurs
un casque
être en ligne
un écran
un smartphone
un portable
une appli(cation)
un clavier
une souris
un selfie
une clé USB
un chargeur
une tablette
la localisation
un fichier
cliquer sur un lien

9 A la maison

Les pièces de l'appartement

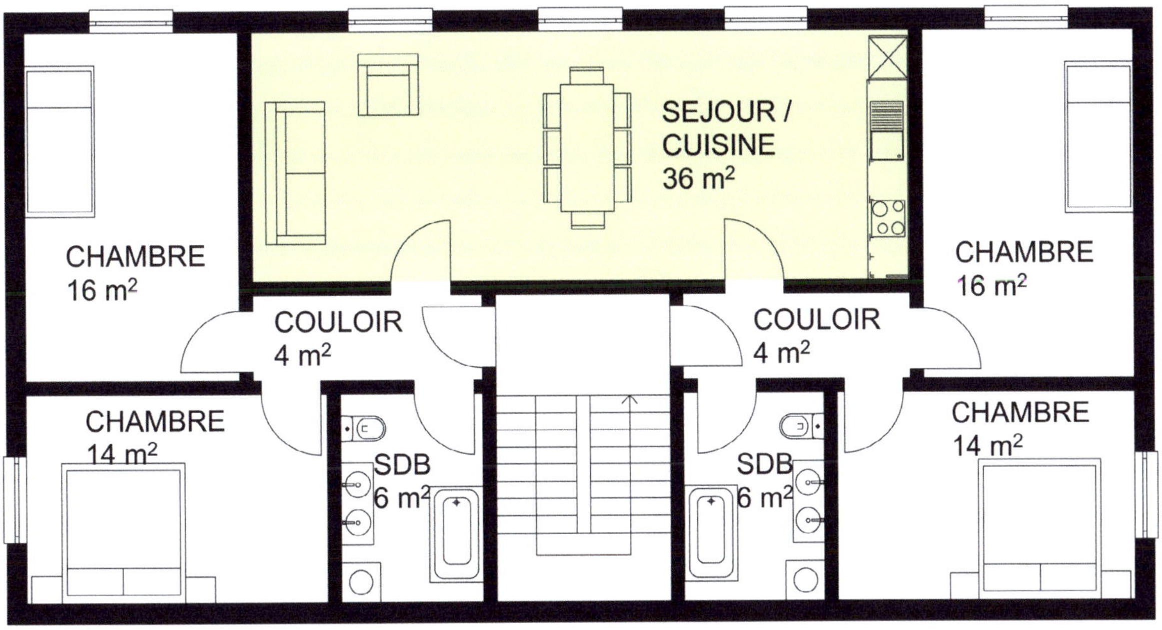

la **salle de bains (SDB)** das Badezimmer
la **chambre** das Schlafzimmer
le **couloir** der Flur
le **séjour** das Wohnzimmer
la **cuisine** die Küche
les **toilettes** die Toilette

Dans l'appartement

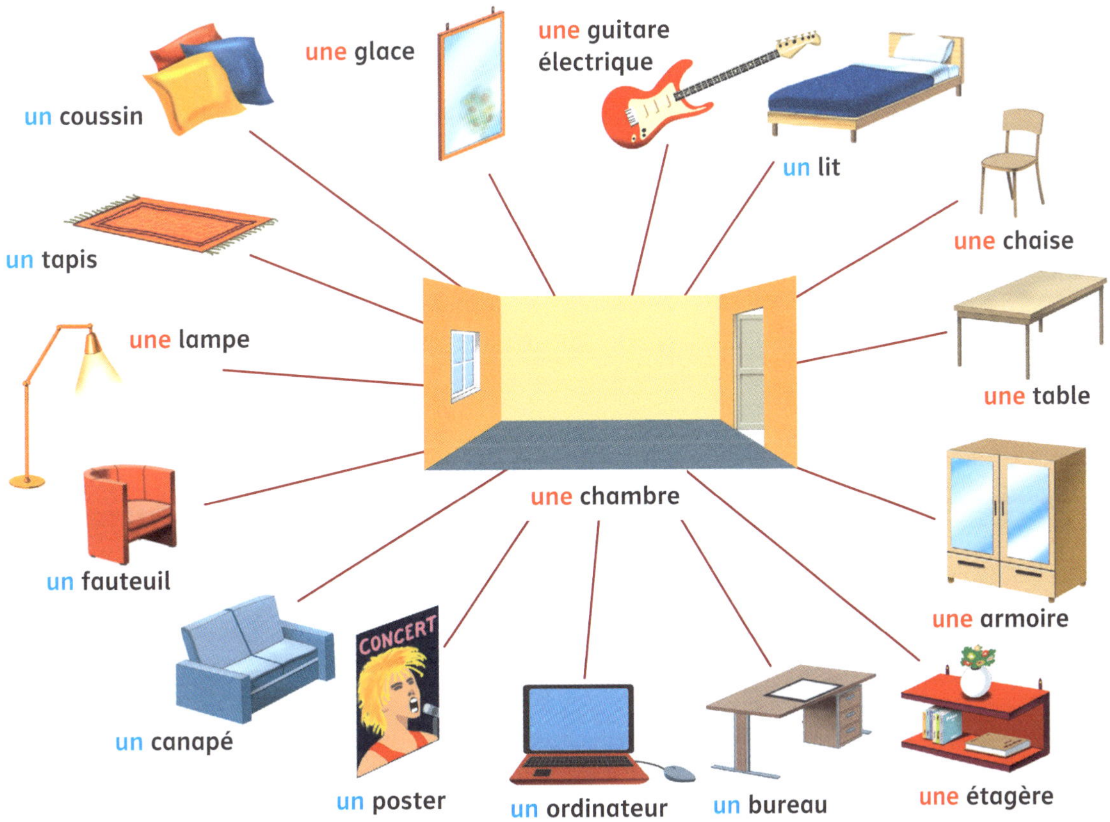

10 Les animaux domestiques

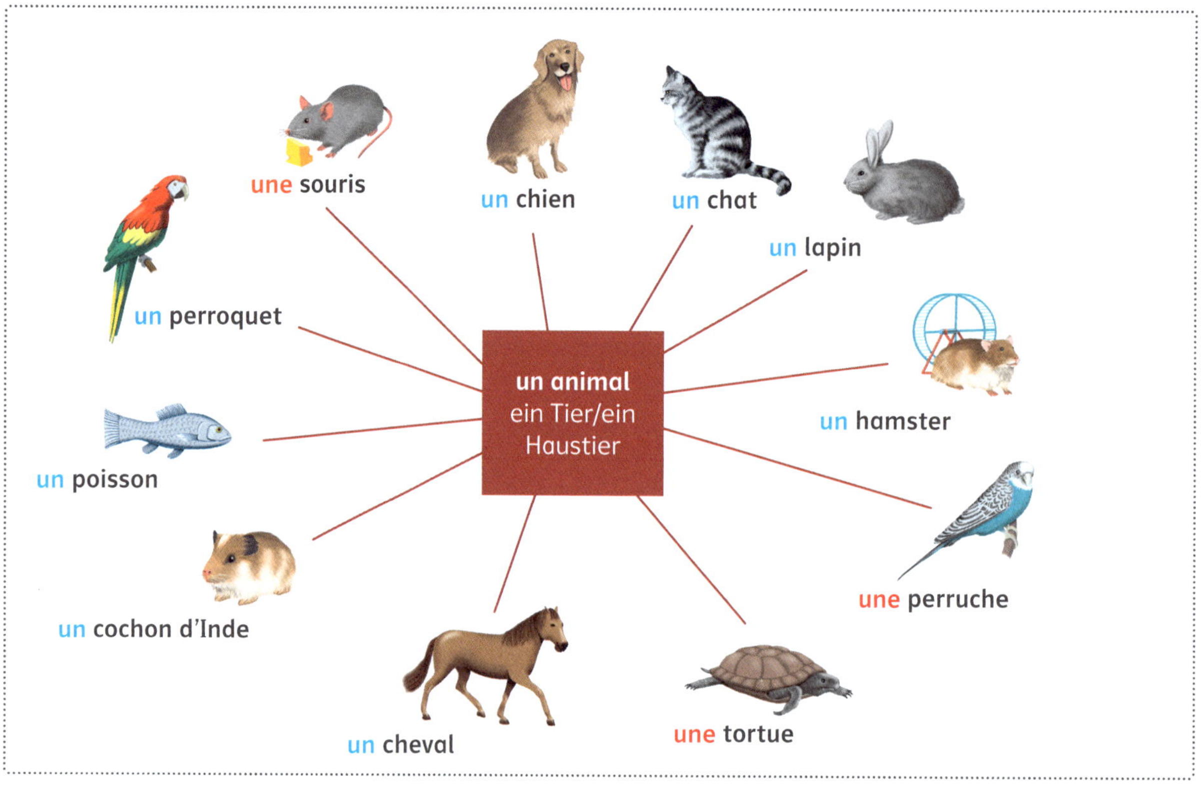

11 La ville

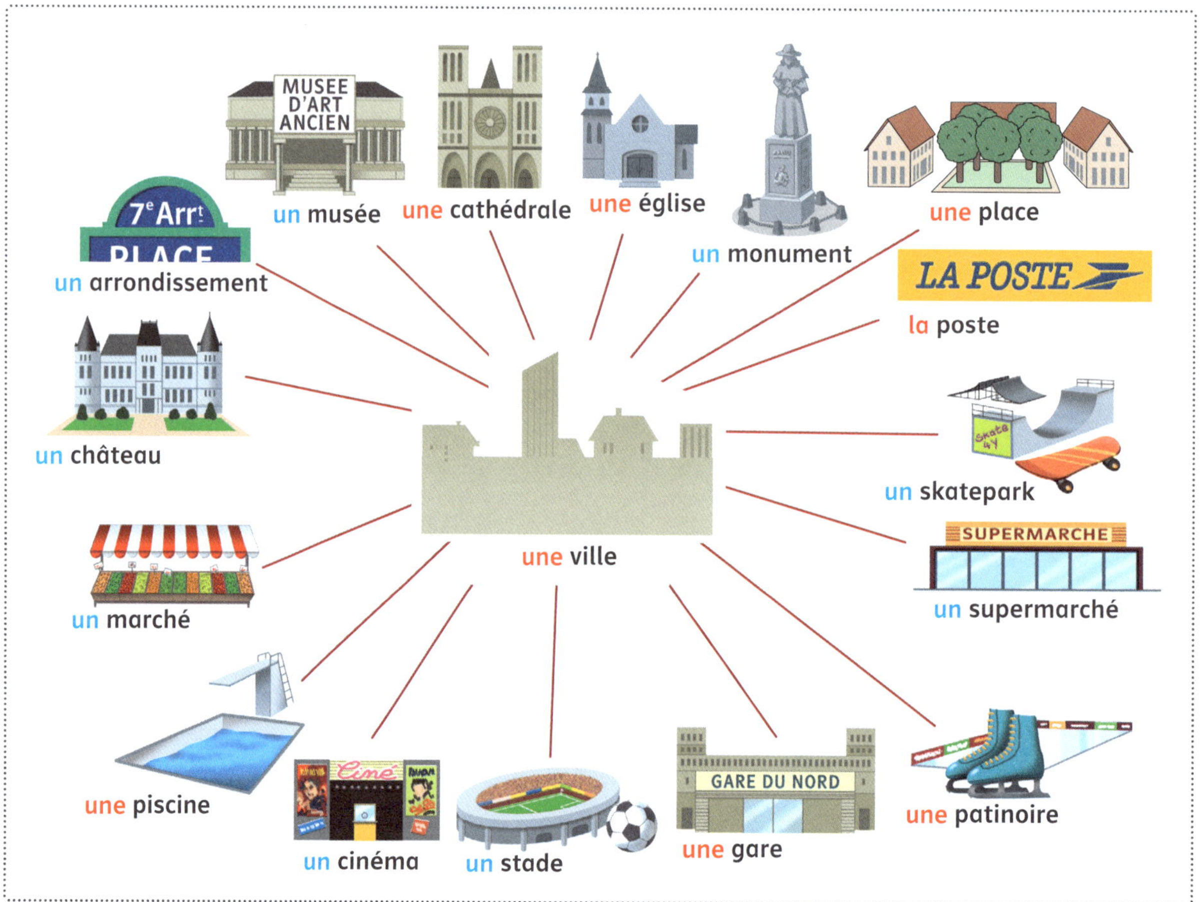

PARLER DE SOI

1 Se présenter

Beim Kennenlernen fragst und sagst du:

• **Tu t'appelles comment?** **Vous vous appelez comment?**	Je m'appelle … / Je suis … / Moi, c'est …
• **Tu as quel âge?** **Vous avez quel âge?**	J'ai … ans.
• **Tu as des frères et sœurs?** **Vous avez des frères et sœurs?**	J'ai un frère / une sœur …
• **Tu habites où?** **Vous habitez où?**	J'habite à Stuttgart / chez mes parents / dans une coloc(ation) …
• **Tu viens d'où?** **Vous venez d'où?**	Je viens de …
• **Tu es où, au collège?**	Je suis au collège. Je suis en dixième. Plus tard, je voudrais faire des études de … / Je voudrais travailler comme …
• **Quels sont tes loisirs?** **Quels sont vos loisirs?**	J'aime beaucoup le sport. Je fais de la musculation / du tennis … J'aime la musique, le théâtre …
• **Tu travailles où?** **Vous travaillez où?**	Je travaille dans un magasin / dans un restaurant / dans un cinéma …

2 Parler de son passé, de son présent et de son avenir

So drückst du aus, was du bisher gemacht hast:
Je fais du basket **depuis 2 ans**.
L'année dernière, j'ai fait un stage …
En 2020, j'ai travaillé en tant que …
Pendant mes vacances, je suis allé(e) …

So drückst du aus, was du zurzeit machst:
Actuellement, je suis en dixième.
Pendant mes loisirs, je fais du sport.
J'aime regarder des films.

So drückst du aus, was du gern machen würdest, wovon du träumst:
Plus tard, j'aimerais devenir technicien(-ne) du son.
Un jour, je voudrais voyager en Bretagne.

3 Parler de ses vacances

So sagst du, wo du letzten Sommer hingefahren bist:

Tu es allé(e) où l'été dernier / cet été?	L'été dernier / Cet été, je suis allé(e) à la mer / à la montagne / à Marseille … / dans les Pyrénées / en Bretagne / en France … Avec des copains / ma famille, on est / nous sommes allé(e)s … Je suis resté(e) / On est resté(e)s / Nous sommes resté(e)s à Mannheim.

So sprichst du über die Aktivitäten, die du gemacht hast:

Qu'est-ce que tu as fait là-bas?	J'ai fait du VTT / du kitesurf / de la plongée …

So sprichst du über die Verkehrsmittel:

Comment est-ce que tu es / vous êtes allé(e)(s) à Marseille …?	J'y suis allé(e) / On y est allé(e)s en train / en voiture / en avion / en bus / en bateau. J'ai pris / On a pris le train …

So sprichst du über die Dauer des Aufenthalts:

Tu es / Vous êtes resté(e)(s) / parti(e)(s) combien de jours à Marseille …?	Je suis resté(e) / parti(e) cinq jours / une semaine. On est resté(e)s / parti(e)s cinq jours / une semaine là-bas.

So sprichst du über die Unterkunft:

Où est-ce que tu as dormi / logé?	J'ai logé / On a dormi dans un hôtel / dans un camping / chez des amis …

4 Parler de ses origines et des langues étrangères

So sprichst du über deine Herkunft, deinen Bezug zu Fremdsprachen und deine Beziehungen zum Ausland:

Moi, je suis	Allemand/Allemande/Turc/Turque/…
Je suis né(e)	à …, en …
Actuellement, je vis / j'habite	à …, en …
Mes parents viennent / Ma famille vient	de Syrie / du Kosovo / des Pays-Bas …
Je parle	allemand/turc/anglais/… et (un peu) français.
J'ai des amis/cousins …	polonais/grecs/italiens …
J'ai des amies/cousines …	polonaises/grecques/italiennes …
Je suis déjà allé(e)	en Turquie / en Pologne / aux Etats-Unis.

So sprichst du über die Bedeutung einer Sprache in deinem eigenen Leben:

J'apprends le français Le français, pour moi, **c'est utile**	parce que je veux/ j'aimerais	travailler au Québec / en Suisse / dans la mode / dans le tourisme … découvrir la Tunisie …
	parce que j'aime	la cuisine / la mode / le cinéma français …
Le français, pour moi, **ce n'est pas important**	parce que je veux/ j'aimerais	travailler en Angleterre / aux Etats-Unis … découvrir les pays d'Amérique du Sud …

5 Parler d'expériences professionnelles et de choix pour l'avenir

Je voudrais faire un stage

chez un vétérinaire
dans une jardinerie
dans une école maternelle
dans un commissariat de police
dans une entreprise automobile
dans un théâtre
dans un hôtel
dans un hôpital

parce que …

J'aimerais travailler

sur un chantier / dans une usine /
dans une entreprise / dans une banque /
dans un magasin /
dans un restaurant / dans un hôtel /
dans une agence de voyages /
dans un hôpital / dans un collège /
dans une école maternelle …

J'aimerais devenir

acteur / actrice
animateur / animatrice
artiste / artiste
boulanger / boulangère
caissier / caissière
chauffeur / chauffeur(e)
cuisinier / cuisinière
documentaliste / documentaliste
infirmier / infirmière
journaliste / journaliste
médecin / médecin
peintre / peintre
pilote / pilote
professeur / professeur(e)
serveur / serveuse
vendeur / vendeuse
vétérinaire / vétérinaire
…

Ma passion, c'est	J'adore
la danse. la musique. le théâtre. le cinéma. la photographie. la mode. le sport. la technique. l'informatique.	cuisiner. voyager. m'occuper des animaux. des enfants. des personnes âgées. des personnes handicapées. travailler en équipe. à l'étranger.
Mes expériences	**Mes rêves**
J'ai déjà fait du babysitting. fait un stage à … travaillé avec … Je parle plusieurs langues: anglais, français, … Je suis bon / bonne en …	Je voudrais avoir une famille nombreuse. une maison. Je voudrais vivre en ville. à la campagne. à l'étranger.
Je veux être mon propre chef. avoir de la responsabilité. gagner beaucoup d'argent.	**Je ne veux pas** travailler la nuit. me lever tôt le matin. travailler dehors.

VIE DE TOUS LES JOURS

6 Au téléphone

Die Person, die angerufen wird, sagt / fragt:	Der Anrufer / Die Anruferin sagt / fragt:
- Allô? - C'est moi-même. / Un instant, s'il vous plaît. - Vous avez de l'expérience? - … euros de l'heure. - Vous pouvez passer pour un entretien ce soir / …? - A … heures, ça vous va?	- Bonjour. Lucas Rigaux à l'appareil. Je voudrais parler à monsieur / madame … - Je vous appelle au sujet de votre annonce. - J'ai déjà fait … - Quelle est la rémunération? - Oui. A quelle heure? - D'accord. Au revoir.

7 Qu'est-ce que tu prends au petit-déjeuner?

Questions	Réponses
- Qu'est-ce que tu bois? / Qu'est-ce que tu veux boire?	- Du lait, s'il te / vous plaît.
- Tu prends du lait chaud ou du lait froid?	- Du lait chaud avec du cacao.
- Tu veux du yaourt ou du lait avec les céréales?	- Je veux bien du yaourt.
- Tu veux encore des céréales / des tartines …?	
- Tu en veux encore?	- Oui, merci. / Non, merci.
- Tu peux me passer la confiture / le miel …, s'il te plaît?	- Voilà.
- Tu veux du miel ou de la confiture sur tes tartines?	- Du miel.
- Je peux avoir du sucre?	

8 Au restaurant

Die Gäste sagen / fragen:	Die Bedienung sagt / fragt:
A l'entrée	
- Vous avez une table pour quatre personnes?	- Vous avez réservé?
	- Vous pouvez attendre?
- J'ai réservé une table pour … personnes.	- A quel nom?
- Au nom de …	
La commande	
- Vous avez un menu végétarien?	- Voilà les cartes.
	- Oui, bien sûr.
	- Je vais demander au cuisinier.
	- Vous avez choisi?
- Je prends le plat du jour / le menu à … euros.	
- Moi, je ne prends pas de menu. Je prends à la carte.	
Une réclamation	
- Excusez-moi, il y a une erreur: je n'ai pas commandé ça.	- Désolé(e), je vais régler ça.
- La viande est froide.	
- Est-ce que vous avez du sel?	
L'addition	
- S'il vous plaît!	
- On voudrait l'addition. / On voudrait payer.	- J'arrive.

9 Acheter / Je voudrais …

Der Verkäufer / Die Verkäuferin fragt / sagt:

- Vous désirez?
- Et avec ça?
- Ça fait quatre euros.

Der Kunde / Die Kundin antwortet / fragt:

- Je voudrais un sandwich au jambon / au fromage.
- Un pain au chocolat, s'il vous plaît.
- Je voudrais aussi un jus d'orange.
- C'est tout. Merci. Ça fait combien?
- Voilà.

10 Chez le / la médecin

Der Arzt / Die Ärztin fragt / sagt:

- Qu'est-ce qui ne va pas?
- Où est-ce que vous avez mal?
- Vous devez prendre un comprimé le matin / à midi / le soir / par jour.
- Vous devez passer une radio.
- Je vous donne une ordonnance pour la pharmacie.

Der Patient / Die Patientin antwortet / fragt:

- J'ai mal à la tête / au bras / à l'épaule droite / au genou …
- J'ai fait une chute.
- Qu'est-ce que je dois faire?
- C'est grave?
- Je dois prendre des médicaments?

11 Les médias et moi

So sprichst du über deinen Umgang mit Medien und sozialen Netzwerken:

J'utilise beaucoup les réseaux sociaux.
J'utilise souvent la plateforme de …
Avec mon ordinateur, je fais des recherches sur Internet / je regarde des films en streaming.
Avec mon smartphone, je chatte / je prends des photos / j'écoute de la musique …
J'écris beaucoup de messages dans les chats.
J'écris un blog pendant mes voyages.
Je ne téléphone pas souvent.
Je regarde des vidéos / films en streaming sur …
Je poste des vidéos sur …
Je fais des films sur mon portable.
Je poste beaucoup de photos sur …
Je ne poste pas de photos sur les réseaux sociaux.
Je participe à des forums. Je trouve ça intéressant.
Je veux rester anonyme sur les réseaux, alors j'utilise un pseudonyme sur mon compte.

12 Orientation dans une ville

So beschreibst du jemandem den Weg:

Pour aller à la boulangerie, vous prenez la première rue à droite, vous continuez tout droit jusqu'au supermarché, ensuite vous tournez à gauche. La boulangerie est à votre droite.

PRESENTER UNE REGION / UNE VILLE

13 Parler d'une région

So sprichst du über die geografische Lage und die Besonderheiten einer Region:

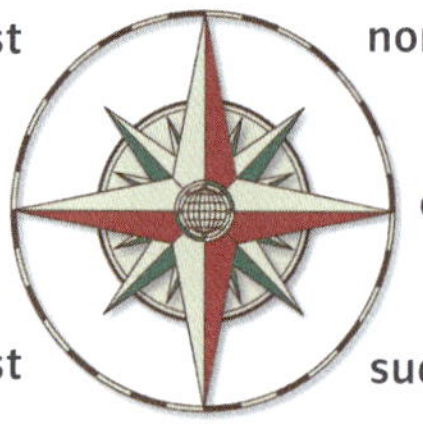

… se trouve
dans le nord
dans le sud
au centre de la France.

au nord de / au sud de Lyon.
à l'ouest de / à l'est de Paris.
dans la région parisienne.

en Bretagne / en Provence / en Corse.

On cultive

- du blé
- du maïs
- des tournesols
- des artichauts
- des olives
- des abricots
- des melons
- des pêches
- des pommes
- la vigne

On élève

- des porcs
- des bovins
- des brebis
- des volailles
- des huîtres

On construit

- des automobiles
- des camions
- des avions
- des fusées

On produit

- des pneus
- des médicaments
- des yaourts
- du fromage

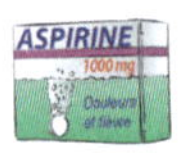

On crée

des produits de luxe:

- des parfums
- des vêtements de haute-couture
- des sacs

des produits cosmétiques:

- des vernis à ongles
- des shampooings

14 Structurer une présentation

So führst du dein Thema ein:

Moi, j'ai choisi la région Grand-Est / la région …

La région … se trouve	dans le centre / nord / nord-est / sud / sud-ouest / … de la France. en Outre-mer. au bord de l'océan Atlantique / de la mer Méditerranée … à la frontière avec la Suisse / la Belgique / l'Espagne / l'Allemagne … …
J'ai choisi cette région parce que	j'aime la mer / la montagne / les grandes villes / les musées / le sport … j'aime le soleil / le vent / la neige … la nature / la montagne / les grandes villes … m'intéresse(nt). c'est une région gastronomique/touristique/pittoresque …

So erklärst du den Aufbau deiner Präsentation:

Dans un premier temps, D'abord,	je vais vous présenter …	l'histoire de … l'économie de …
Dans un deuxième temps, Puis, Ensuite, En conclusion, Pour finir,	je vais (vous) parler …	de l'histoire de … du tourisme … de l'économie … de la gastronomie …

So strukturierst du deine Präsentation:

Introduction
Bonjour, je vais vous parler de …
J'ai choisi ce sujet parce que …

Structurer la présentation
Dans ma présentation, je traite les thèmes / aspects suivants …
Ma présentation a … parties:
Premièrement …, deuxièmement, …
Je vais terminer par un résumé des particularités / ma conclusion sur les points forts / ….

Supports visuels
Voici le plan de ma présentation.
J'ai préparé une fiche / …
Sur la photo, vous pouvez voir …

Expliquer des mots difficiles
…, c'est / ça veut dire / ça signifie … en allemand.

Entrer en contact avec les auditeurs
Vous avez des questions ou des remarques?
Je vais distribuer les fiches après ma présentation.
Faites passer les documents dans la classe, s'il vous plaît.

Finir la présentation
En conclusion, je voudrais souligner que …
Merci de votre attention!

PARLER D'UNE PERSONNE

15 Ecrire une biographie

So erzählst du über das Leben einer Person:

Il / Elle est né(e) à *(ville)* … en *(année)* …
Il / Elle découvre … / est fasciné(e) par …
Il / Elle commence à faire … / apprend …
Il / Elle part pour … / fait la connaissance de …
Peu à peu, la musique / le cinéma / la politique … devient sa passion.
Mais il / elle a d'autres talents.
La vie de … bascule / change quand il / elle …
Depuis 2019, il / elle vit à / fait …

16 Décrire une personne

So beschreibst du eine Person:

Son physique et son style
Il / Elle est grand(e). Il / Elle est petit(e).
Il / Elle a les cheveux blonds / bruns / roux / bouclés / longs / courts.
Il / Elle a la peau (plutôt / un peu / très) claire / mate / noire.
Il / Elle a des petits /grands yeux.
Il / Elle a les yeux bleus / verts / marron / gris.
Il / Elle porte des lunettes.
Il / Elle a un piercing / un tatouage au bras.

Son âge
Il / Elle est jeune / adolescent(e) / adulte / âgé(e).

Sa situation familiale
Il / Elle est marié(e) / divorcé(e) / en couple.
Il / Elle a … enfants.
Elle est mère célibataire.
Il est père célibataire.
Il / Elle vit dans une famille recomposée.

Son handicap
Il / Elle est handicapé(e) moteur / mental(e).
Il / Elle est sourd(e) / malentendant(e) / aveugle / malvoyant(e).
Il / Elle est en fauteuil roulant / porte un appareil auditif / marche avec une canne …

Sa double culture / Ses origines
Il / Elle est français(e) et sénégalais(e).
Il / Elle est français(e) d'origine sénégalaise.
Il / Elle a des origines marocaines / espagnoles par son père / sa mère.

Son rapport à la religion
Il / Elle est catholique / protestant(e) / musulman(e) / juif (juive) / bouddhiste / athée.

Son orientation sexuelle
Il / Elle est hétéro- / homosexuel(le).
Il / Elle est gay. Elle est lesbienne.

DECRIRE ET DONNER SON AVIS

17 Décrire une affiche / une photo et donner son avis

So beschreibst du ein Plakat oder ein Foto:

Sur l'affiche / Sur la photo,	il y a	le visage d'un homme / d'une femme / d'un(e) jeune …
Au premier plan,	on peut voir	un photomontage / des personnes qui …
Au milieu / Au centre,		le logo de …
En haut / En bas,	il y a	un texte.
A droite / A gauche,	on peut lire	un slogan.
		…

So sprichst du über deine Eindrücke:

J'aime bien / beaucoup cette affiche / cette campagne	parce que/qu'	elle est originale. elle me touche / me parle / me fait réfléchir. elle est belle / drôle / bien faite. le message est clair / me touche.
Je trouve que la campagne / l'affiche **n'**est **pas** réussie	parce qu'elle	**n'**est **pas** originale. **ne** me touche **pas**.

18 Discuter et donner son avis

So äußerst du deine Meinung und fragst andere nach ihrer Sichtweise:
A mon avis, …
Je pense / trouve / crois que … parce que …
Il faut savoir / considérer que …
Que penses-tu / pensez-vous de …? Qu'est-ce que tu en penses / vous en pensez?

So machst du Einschränkungen:
C'est possible, mais il ne faut pas oublier que …
D'un côté, …, mais de l'autre, …
Tu as / Vous avez raison, mais il faut quand même voir que …

So drückst du Zustimmung oder Ablehnung aus:
Je suis de ton / votre avis. / Je suis d'accord avec toi / vous.
Je ne suis pas du tout de ton / votre avis parce que …

19 Présenter et commenter un film

So sprichst du über einen Film:
Le titre / L'histoire
Le titre du film, c'est …
C'est l'histoire de …

Analyse
Dans le film, on voit que …
Le réalisateur / La réalisatrice … *(nom)* montre que …
Il / Elle critique …

Ton avis / commentaire
L'histoire est originale / belle / drôle / me plaît / ne me plaît pas / me choque parce que …
Les dialogues sont originaux / drôles / me plaisent.
Les personnages (ne) sont (pas) sympathiques / authentiques.
Les acteurs jouent bien / mal.
Je trouve que le film (n') est (pas) réussi parce que …
J'aime surtout le début / la fin du film parce que …
Je recommande ce film aux personnes qui aiment les films romantiques / les policiers / les documentaires / les films fantastiques / …

1 Ecrire sans fautes

Um Fehler zu vermeiden, solltest du deinen Text unter drei Aspekten überprüfen:

Kontext und Zusammenhang
- Sind die verschiedenen Themen in einzelne kurze **Absätze** gegliedert?
- Sind die **zeitlichen Angaben** klar?
- Sind die Sätze und Ideen mit **Verbindungswörtern** verknüpft?

Grammatik
- Stimmt bei den Verben die gewählte **Zeit** *(présent / passé composé / futur …)*?
- Ist das **Partizip** beim *passé composé* mit *être* **angeglichen**? *Je suis allé / allée*
- Sind die **Adjektive** angeglichen? *des expériences intéressantes*

Rechtschreibung
- Nimm dir zum Schluss genug Zeit, um deinen Text noch einmal zu lesen und eventuelle Rechtschreibfehler zu korrigieren.

2 Les verbes

Verb-Endungen auf einen Blick

Imparfait

Singulier	Pluriel
-ais	-ions
-ais	-iez
-ait	-aient

Présent, verbes en -er

Singulier	Pluriel
-e	-ons
-es	-ez
-e	-ent

Présent, verbes en -ir

Singulier	Pluriel
-s	-(ss)ons
-s	-(ss)ez
-t	-(ss)ent

Présent, verbes en -(d)re

Singulier	Pluriel
-s	-ons
-s	-ez
-d	-ent

Futur simple

Singulier	Pluriel
-ai	-ons
-as	-ez
-a	-ont

Subjonctif

Singulier	Pluriel
-e	-ions
-es	-iez
-e	-ent

Conditionnel

Singulier	Pluriel
-ais	-ions
-ais	-iez
-ait	-aient

3 Les adjectifs

Utiliser des adjectifs
Wenn du einen schönen Text schreiben oder etwas genau beschreiben möchtest, sind Adjektive sehr nützlich. Hier findest du eine Sammlung.

grand(e) – petit(e)
gros(se) – mince
long(ue) – court(e)
haut(e) – bas(se)

triste – content(e)
malheureux(-euse) – heureux(-euse)
agressif(-ve) – calme

beau / belle – moche
horrible – magnifique
nouveau / nouvelle – vieux / vieille
pauvre – riche
plein(e) – vide
facile – difficile

créatif(-ive)
ambitieux(-euse)
courageux(-euse)
sportif(-ive)
timide
curieux(-euse)
généreux(-euse)
gentil(le)

fantastique
génial(e)
super
extraordinaire
typique
célèbre

Weitere Adjektive: amoureux(-euse), jaloux(-ouse), violent(e), bizarre, seul(e), fatigué(e), préféré(e), sympa, cher(-ère), énorme, dangereux(-euse)

Examen 1

A Compréhension orale
1. Nice
2. 13 h 15
3. c
4. dans la voiture n°**14**
5. c, e, f, h, i

B Compréhension de texte
1. TV1: Karim, TV2: Jade, TV3: Martin
2. a) Faux, b) Vrai, c) Faux
3. TV1: Nature, Histoire, Monde
   TV2: Culture, Monde
   TV3: Histoire
4. a) une chanteuse, b) une île dans l'océan Pacifique, c) à Paris

C Vocabulaire et structures
1. a) petit, b) triste
2. Exemples: le français, les maths, la musique, les arts plastiques, l'EPS, l'anglais, l'allemand, …
3. faire: je **fais** (présent), nous **avons fait** (passé composé), ils **vont faire** (futur composé)
   venir: vous **venez** (présent), elle **est venue** (passé composé), tu **vas venir** (futur composé)
4. a) Le week-end dernier, vous êtes allés à la plage.
   b) La semaine prochaine, elle va partir en vacances.
   c) Ce soir, nous mangeons au restaurant.
5. Vous avez organisé une grande fête pour vos corres?
6. … **au** cinéma, … **devant** le cinéma, **Ensuite**, vers …, … on va **manger**

D Production écrite
1. Exemple:
M. Brun: Bonjour, qu'est-ce que tu veux boire?
Moi: Du lait avec du cacao s'il vous plaît.
M. Brun: Du lait chaud?
Moi: Oui, merci.
M. Brun: Tu veux des tartines avec de la confiture ou du yaourt avec des céréales?
Moi: Je veux bien des tartines.
M. Brun: Tu veux de la confiture de cerise ou du miel sur tes tartines?
Moi: De la confiture de cerise, s'il vous plaît.
M. Brun: Tiens. Et là, il y a le beurre, un bol, une cuillère et un couteau.
2. Exemple:
Salut …,
Ça va? Qu'est-ce que tu vas faire pendant les vacances? Tu as envie de venir chez moi le 3 août? Je vais faire une fête chez moi samedi avec les copains du collège. Tu peux rester chez moi cinq jours. Dimanche, on peut faire de l'escalade avec ma famille. Lundi, on peut visiter la ville ensemble. Pour venir chez moi, tu peux prendre le bus ou le train. Ce serait cool!
Réponds-moi vite.
A plus, … (ton nom)

E Faites l'interprète
a) Es hat zwei Schlafzimmer und es gibt eine Terrasse.
b) Ja, es gibt eine Mikrowelle.
c) Ja, Haustiere sind erlaubt.
d) Es gibt einen Fernseher / eine Waschmaschine / eine Geschirrspülmaschine / kostenloses WLAN / eine Klimaanlage.
e) Nein, es ist nur 200 Meter vom Strand (und vom Hafen) entfernt.
f) An- und Abreisetag ist Samstag. Man kann ab 14 Uhr anreisen und muss bis 11 Uhr abreisen.
g) Die wöchentliche Miete beträgt im Juni 300 Euro.
h) Es gibt einen Aquapark und man kann Fahrräder und Kajaks mieten.

Examen 2

A Compréhension orale
1. un professeur
2. pendant un match de basket
3. a
4. à l'infirmerie
5. à son travail
6. dans 20 minutes
7. c

B Compréhension de texte
1. a) Activité n°2, b) Activité n°3, c) Activité n°1
2. a) Faux, b) Faux, c) Vrai, d) Vrai
3. Activité 1: Créativité, Informatique
   Activité 2: Nature, Sport
   Activité 3: Créativité
4. a) un téléphone portable.
   b) dans la nature.
   c) le vendredi soir.

C Vocabulaire et structures
1. a) Je **déteste faire du shopping**.
   b) C'est **difficile**.
2. Exemples: une cathédrale, un cinéma, un musée, une église, un supermarché, une gare, un stade, une piscine, un château …
3. aller: ils **vont** (présent), elle **est allée** (passé composé), vous **allez aller** (futur composé)
   boire: nous **buvons** (présent), tu **as bu** (passé composé), je **vais boire** (futur composé)
4. a) Je voudrais un croissant, s'il vous plaît.
   b) Je mange beaucoup de croissants.
   c) J'aime beaucoup les croissants.
5. Mon petit frère est malade parce qu'il faisait froid.
6. … **le** mardi, … **à** 9 heures, … **sur** la page, … **dans** quelques jours

D Production écrite

1. Exemple:
Mon meilleur copain / ma meilleure copine s'appelle … . Il / Elle a … ans et il / elle aime la musique et le sport. Son chanteur / Sa chanteuse préféré(e), c'est … . … (nom) écoute souvent ses chansons. Mon meilleur copain / Ma meilleure copine aime faire du skate et du basket. Je vais souvent au skatepark avec lui / elle.
Le week-end, on va souvent au cinéma ensemble ou on fait du shopping en ville. Parfois, on fait des pizzas avec des copains de la classe.

2. Exemple:
Salut Jules,
Je suis à l'anniversaire d'un copain / d'une copine. C'est super et l'ambiance est cool! D'abord, on a mangé des pizzas. Ensuite, on a fait un tournoi de ping-pong et maintenant, on écoute de la musique et on danse. On va tous dormir chez (nom du copain / de la copine). Demain matin, je vais aller chercher des croissants pour tout le monde. Mais je pense qu'on va prendre le petit-déjeuner à midi! Et toi? Qu'est-ce que tu fais en Ardèche?
A plus / bises
… (ton nom)

E Faites l'interprète

a) Man kann Löwen / Zebras / Giraffen / Flamingos / Pelikane sehen.
b) Der Besuch beginnt mit einer Autofahrt und endet mit einem zweistündigen Spaziergang.
c) Man sollte mindestens drei bis vier Stunden für einen Besuch einplanen.
d) Nein, man kann dort Speisen kaufen.
e) Ja, es gibt Getränke zu kaufen.
f) Ja, der Park ist morgen geöffnet.
g) Der Park ist morgen von 9 bis 18 Uhr geöffnet.
h) Der Besuch kostet 60 Euro.

Examen 3

A Compréhension orale

1. a) Vrai, b) Faux
2. c
3. a) 70% des jeunes adorent (écouter de) la musique.
   b) Les garçons aiment aussi beaucoup le sport / faire du sport.
4. les voyages
5. a

B Compréhension de texte

1. c
2. Opéra: Kenzo
   Eclair (vanille): Marco
   Tartelette: Sophia
3. a
4. a) Faux, b) Vrai, c) Vrai
5. a) A partir de **20 h**. Elle doit les mettre sur la table à **19 h 30**.
   b) dimanche
   Oui.
   c) **10** euros.

C Vocabulaire et structures

1. a) Non, **ça ne s'est pas bien passé / ça s'est mal passé.**
   b) Non, **je ne connais personne ici.**
2. Exemples: le train, le bus, la voiture, l'avion, le vélo
3. Anna: Cet été, ma cousine et moi, nous **voulons** faire de l'équitation.
   Hugo: Tu **as pu** en parler avec tes parents?
   Anna: Non, pas encore. Mais ils **ne vont pas vouloir**, c'est sûr! L'année dernière, déjà, ils **n'ont pas voulu**.
   Hugo: Vous **pouvez** quand même essayer de les faire changer d'avis.
4. a) Je fais ma valise avant les vacances.
   b) J'écris à mes amis pendant les vacances.
   c) Je montre mes photos à mes amis après les vacances.
5. Je suis tombé et j'ai mal à la jambe.
6. … **à** Paris **chez** ma cousine, … je suis monté **à** la tour Eiffel, … je vais **au** Louvre, … Tu es parti **en** vacances

D Production écrite

1. Exemple:
Moi: Salut Max. Tu es invité à la fête de Youssef?
Max: Oui.
Moi: Cool. On y va ensemble?
Max: Pourquoi pas.
Moi: Alors tu viens chez moi samedi à 17 h et on prend le bus ensemble.
Max: D'accord.
Moi: Je peux acheter un cadeau pour Youssef demain.
Max: Cool. On peut lui offrir un jeu vidéo. Qu'est-ce que tu en penses?
Moi: Bof. Je pense qu'il a déjà beaucoup de jeux vidéo. Mais j'ai vu un t-shirt super cool. Je l'achète pour lui?
Max: Bonne idée. A samedi.

2. Exemple:
Bonjour / Cher / Chère … ,
Je m'appelle … et j'ai … ans. Mes parents s'appellent … et … . J'ai un frère / une sœur. Il / Elle s'appelle … et il / elle a … ans.
Nous habitons à … . Dans ma ville, il y a un cinéma et un skatepark. Le matin, je me lève à … heures. Pour aller au collège, je prends le bus / le vélo … . L'après-midi, je fais souvent du sport avec mes amis. J'aime le basket. Et toi, tu aimes quelles activités? Quels sont tes plats préférés? Et qu'est-ce que tu n'aimes pas?
A bientôt, … (ton nom)